日本プロゴルフ協会

PGA最優秀ティーチングプロの

「深クォーター理論」ゴルフ 実践編

PGAティーチングプロA級

桑田泉 著

成美堂出版

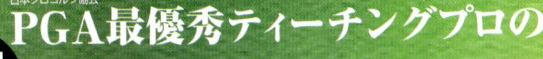

桑田 泉 Izumi Kuwata

1969年生まれ。PGAティーチングプロA級。学生時代は野球に専念。PL学園高校で甲子園春夏連覇、青山学院大学では東都リーグ2度優勝。元プロ野球選手の桑田真澄は実兄。卒業後、ゴルフ修行のため渡米。2000年「よみうりオープン」でツアーデビュー。その後「ゴルフアカデミー　イーグル18」を設立、多くのアマ、プロを指導。「2010ティーチングプロアワード最優秀賞」受賞

はじめに

ゴルフは他のスポーツに比べて、レッスン書や練習場がこれほど多くあるのに、なぜアマチュアの大半はスムーズに上達しないのでしょうか。特にグリップやアドレス、トップ、フィニッシュの形をよく教わっているはずなのに、それが良い人を見たことがありません。

私のレッスンでは逆に、トップやフィニッシュは教えていません。コックや体重移動のレッスンもありません。なぜなら、それらは1秒前後のスイング中に考えて行うものではなく、結果として成り立つことだからです。通常モノを叩く時は、トップやフィニッシュを考えず、インパクトの形や叩く直前（スイングなら4分の1＝クォーターエリア）を意識するはずです。

私のアカデミーに初めて来られる方の多くは「ドライバーの飛距離と方向が安定せず、苦手です」と言ってレッスンを求めてきます。そこで「では10ヤードのアプローチは安定しているんですね」と尋ねると、必ず「いや、アプローチも苦手なんです」と全員が答えます。

それではと、パターから始めてもらうと、これも良くはない。近くに打つものも安定しないのに、遠くへ打つものが安定するわけがありません。

だから私は、インパクト付近が小さな動きのパットからアプローチ、そしてフルスイングの順でレッスンするのです。小さなことが上手くなれば、スコアが良くなる上にフルスイングの「部品」が磨かれるので、一石二鳥です。

今回は、その小さな動きで見逃されやすいところを、丁寧に取り上げました。また、前著『「クォーター理論」ゴルフ』で伝えきれなかったニュアンス、他のレッスンや理論と混同されてカン違いされがちな部分にも焦点を当てて解説しています。理解を深める一助になれば幸いです。

CONTENTS

第3章 「良い手打ち」と「ダメな手打ち」の違い

CONTENTS

第4章 「フェースの向き」で決めるアイアンの「打ち分け」

第5章 「ダフる、滑る」で200Y先に「届く、乗る」

CONTENTS

カン違い

「捕まえる、飛ばす」から「捕まる、飛ぶ」スイングへ

序章

カン違い

「手打ち」したら、左に引っかかるはずだ

ボディを回してからではダメ！ 先にクラブを振るのが「手打ち」だ!!

ここがカン違い！
下半身リード
ダウンの始動で、腰が開いたら「手打ち」にならない
手をコネる
ダウン途中からの「手打ち」意識は、引っかけになる

上体を開いてから手を使うのでは遅い

私はアマチュアに、最初のレッスンで「手打ちしろ！」と言うことが多い。既存のレッスンで提唱されている「ボディターン」「下半身リード」といった言葉を鵜呑みにして、振り遅れているために飛ばない、スライスすると悩んでいるケースばかりだからだ。

振り遅れないよう、先にクラブを振ってしまえということで「手打ち」を勧めるわけだが、よく「そんなことをすると左に引っかかるはず」と言い出す人がいる。が、実際に引っかけが出る人はほとんどいない。「アレ？　真っすぐ飛んだ」「ウワッ、初めてドローが打てた！」と驚き、その後のレッスンに、熱心に耳を傾けてくれるようになる。

まれに、引っかけてしまう人もいるが、大抵は下半身リードのイメージで腰を回してから、手をコネておっつけようとするタイプ。これは私が勧める「手打ち」ではない。

クラブを先に腕で振ろうと意識することで、先行しすぎている身体のターンの動きとバランスが取れるから、球がしっかり捕まって、真っすぐやドローといった打球結果になる。「左に踏み込んでから、手打ち」「腰を戻してから、手打ち」などと考えていると、この効果は得られないのだ。

コレが正解！

「手打ち」が先

切り返し直後から、まず手を使ってヘッドを振るのが「手打ち」。ヘッドを先に行かせる

先行させたつもりのヘッドに、身体のターンがシンクロするので引っかけない

そうか、早めにコックを解けばいいのか

コックはタメるな、解くな！「シャフトの前倒し」がリリースだ!!

ここがカン違い！
コックを解く
アーリーリリースでは、球を捕まえる動きにならない

アーリーリリースはダフリやザックリに

「手打ち」の誤解パターンにはもう1つ、コックを早く解いてヘッドを落とす、いわゆる「アーリーリリース」がある。

フェース面でボールを叩きにいく意識なら、こうはならないはず。身体の右サイドに落としたヘッドが、ボディターンでボールに当たる……などと考えていると、振り遅れスイングはまったく直らない。

フェース面でボールを叩きたければ、左手首の角度は解かずに、切り返し直後からシャフトを前に倒していくのが正解。そんなことをしたら、打球が左足に当たる？　大丈夫、腕の動きはそのつもりでも、身体が勝手にターンするので、ヘッドはスイングプレーンに沿ってリリースされるのだ。

上から落とすだけではヘッドが抜けず、反動であおる

コレが正解！

クラブを前倒し

左手首の角度を解かず、フェース面をボールにぶつけるつもりでシャフトを前に倒していく

カン違い

「ダフれ」を試したら、やっぱりザックリ…

刃から入れる構えは絶対ダメ！「ハンドファースト」は忘れろ!!

バウンスからソールを滑らせる

アプローチでザックリやトップのミスが出るアマチュアに「ダフれ！」と指導すると、ボールの手前にソールを落とす意識が生じ、結果としてバウンス（ソールの出っぱり）から着地するような構え方、振り方になる。すると、インパクト前後でソールが滑ってボールを拾える、理想的に芯で打てるインパクトになるのだ。

ところが、それでもザックリが止まらないという人もいる。原因は、ハンドファーストのアドレスにある。ソール後方が浮き、刃（リーディングエッジ）から着地するようにセットしてい

ヘッドが先行する

インパクト直後から、ヘッドは手元より先行して抜けていく。「ハンドバック」のイメージだ

るわけだから、そのままダフればザックリになるのは当然だ。
　インパクトで手はボールの真上、その直後にはヘッドが手元を追い越しているイメージが大切。バウンスから着地するダフリを想定すればカンタンなはずだが、長年ハンドファーストを続けてきたベテランほど馴染めない。まず、ハンドファーストを忘れることだ。

×ここがカン違い！

手元が先行するイメージでは、ザックリは止まらない

○コレが正解！

手元は球の上
ヘッドが着地する時点で、手元は先行してはいけない

ソールから着地
ヘッドの刃から地面に刺していくのではなく、ソール後方のバウンスから滑らせていく

カン違い

でも、プロはハンドファーストのはず…

プロは「しなり戻り」でヘッドを出す！アマは「ハンドバック」がやさしい!!

ここがカン違い！
しなりで弾く
プロはシャフトのしなり戻りを生かして球を捕まえる

「捕まりすぎ」を抑えるのがプロ

ハンドファーストをやめろと言うと、なかなか納得できずにいる人も多いだろう。なぜなら、プロの多くが実践し、レッスンでも金科玉条のように唱えられているからだ。

たしかに、ハンドファースト自体は間違いではない。問題は、練習量の少ないアマチュアがそれをイメージすると、実際のスイングでは振り遅れや打ち込みすぎの弊害が生じるということだ。

プロの場合、シャフトのしなりを十分に生かすコツを身につけている。インパクトエリアでは見事に手元を減速させ、シャフトのしなり戻りでヘッドを走らせることができる。

これがマスターできると、ヘッドの重心はフェースより後方にあるため、ヘッドが返りすぎる左へのミスが出やすくなる。それを緩和するために、ハンドファーストや左腕リードといったイメージを重視するようになり、レッスンでも重要ポイントとして解説するようになるのだ。

だが、アマチュアの大半は、捕まりすぎる悩みはない。プロのような腕の振りと身体のターンのバランスにはなっていないからだ。ハンドファーストの逆の「ハンドバック」をイメージすることで、正しいクラブの動かし方ができるのだ。

○コレが正解！

手を左に出さない

アマチュアは「ハンドバック」の意識で、わずかに手元が先行する理想的なインパクトになる

フォローの「止めた形」は不要! 「モノを叩く動作」は「クォーター」だ!!

✕ ここがカン違い!

「止める」はNG
振り幅を固めると、肝心のインパクトがおろそかになる

ハーフスイングから振り幅を広げても、正しく「叩く動作」にはならない

「クォーター」の惰性がフォローに

私の「クォーター理論」は「手打ちしろ!」「ダフれ!」「ハンドファーストにするな!」などと、既存のレッスンを否定するような教え方をするために、奇をてらっているように捉えられがちだが、そうではない。

根底にあるのは「モノを叩く動作」の基本とは何か、ということ。干した布団を叩いたり、クギを打ったりといった、叩く動作に共通する要素が集約されている部分、それがインパクト直前の4分の1＝クォーターのスイングエリアだ。その正しいイメージを構築できる言葉を選んでいるだけなのだ。

コレが正解!
ヘッドで叩く
ヘッドでボールをどう叩くか、を考えることが大切

叩いた後のヘッドの動きを邪魔しなければ、フォローは身体がついていく動きで収まる

ちなみに、スイング作りで重要なのは、腰から下のハーフスイングではないか、とレッスンに詳しい人から尋ねられることも多いが、フォローの「止めた形」まで意識するのは「叩く動作」を阻害しやすいので、私は勧めない。

「叩く動作」を正しくイメージできれば、フォローとフィニッシュは惰性で正しく収まるようになる。フォローを意識するのは、パットとアプローチのごく一部だけでいい。その理由を、次の章から学んでほしい。

Column

見えた「結果」を真似るから「振り遅れる」のは当たり前

プロや上級者のスイングを真似ることとは、上達の1つの手段です。ただし、連続写真などを参考にして「途中の形」を真似ようとすると、実際にはその動きはできません。スイング軸から遠い手元やクラブは、イメージ以上に遅れてしまうからです。

飛ばないと悩んでいるアマチュアに、私が「手打ちしろ!」と言うと、いきなり球が捕まって飛距離が出るようになるケースが多いのは、そのギャップが埋まるからです。ボディターンを主体にして、コックをキープしたまま引きつけて、インパクト直前でリリース……では、間に合うわけがありません。人間は動きだしたら、どうしてもスイング軸に近い体幹のほうが早く動いてしまいます。

ダウンスイングでは、ヘッドを先に動かすつもりで、やっとボディターンに「追いつく」動きになります。やり方としては、腕で積極的にヘッドを振っていく方法と、手元や腕をゆっくり動かしてヘッドに追い越させる方法があります。

運動会の横に並ぶ行進と同じで、外側を回るほうが急ぐか、内側を回るほうがゆっくりにするか。「手打ち」という言葉のイメージでヘッドを先行させる動きを加えると、初めてプロのようなリリースができるようになるのです。

第1章

パットは「真っすぐ」ではなく「左へ振れ」の真意

カン違い

ストロークは「真っすぐ」ならブレない

パットもスイング軸は背骨！真っすぐ転がすには「左に振れ」!!

ここがカン違い！
真っすぐ振る
フェースを開閉せず、真っすぐ動かすのは不自然

軸のある円軌道なら「真っすぐ」はない

自転車の乗り方や自動車の運転を覚えるのと同じで、ゴルフの技術も小さい動きから基本を学ぶことが大切。そのスタートはショートパットであり、フルスイングに至っても変わらない重要パーツを含んでいる。これを正しく身につけないことには、後のレッスンが機能しなくなるのだ。

ショートパットでマスターすべき大基本は、背骨を軸としたヘッドの円軌道。それを実現するには、正しいポスチャー（前傾姿勢）、グラつかないグリップ、肩回転のストロークが必要であり、そのため下半身の動きを抑えたり、打球を目で追わないようにしたりする理由が理解できるようになる。

だが、なぜかパッティングでは、ヘッドを「真っすぐ引いて、真っすぐ出す」のが正しいと思い込んでいる人が多い。基本的に打球はフェースの向きなりに転がるので、ヘッド軌道の影響はほとんどない。だからこれでも、目標に向かって転がすことはできる。

だが、クラブの動きに不自然な負荷がかかり、身体の軸がブレるので、ヘッドスピードも打点も安定しない。

正しいイメージは、わずかにインサイド・イン軌道。フォローではヘッドを目標の左に振り抜く感覚がほしい。

〇 コレが正解!

軸固定の円軌道

背骨に軸を意識すれば、パッティングもインサイド・インの円軌道。ヘッドは左に抜けて正解

カン違い

でも、フェースの開閉は方向がブレそう…

フェースはスイング軸にスクエア！意識的な開閉は必要ない!!

実際の開閉具合は微々たるもの

インサイド・インの円軌道と聞くと、フェースの開閉を極端に考え、インパクトでスクエアに戻せないと不安になる人もいるが、それは誤解だ。

実際には、フェースを「開閉する操作」は一切ない。グリップをしっかり固定し、ヒジも動かさない。肩の回転だけでストロークすれば、前傾角度に応じたプレーンに沿ってシャフトが動き、ヘッドが動く。

このとき、フェースの向きはスイング軸、つまり背骨に対してはスクエアのまま。地面に対して斜めのプレーンで動いているため、打球ラインに対してインサイドに入るぶん「開閉して見える」だけなのだ。

「ヘッドは左に振れ！」と言ったが、あくまでもプレーン上を動かした結果でのこと。ヘッドを真っすぐ出すのは、このプレーンからヘッドを外し、フェースを開く動きを加えていることになる。だから押し出しのミスが出やすくなる。それを戒めるためのイメージなのだ。

両脇にクラブを挟んでみると、肩のストロークを確認しやすい

上体を起こしたまま、両脇に挟んだクラブと肩を水平回転。手元やヒジでの「開閉操作」はなく、フェースは常に背骨に対してスクエアであることがわかる

コレが正解!

肩回転が主体

肩回転のプレーンに沿って、フェースはわずかに開閉

ここがカン違い!

手先で操作

フェースの開閉を意識すると、肩まで前後にブレる

カン違い

「ストロークは左右対称」と教わってきた

「左右均等」ではフォローが縮む「フォロー2倍」でちょうどいい!!

ヘッド位置ではなくボール中央を基準に

「クォーター理論」ではフォローは二の次……と言いながら、パッティングはフォローを重視。というのも、他のショットは下降打撃による逆回転（バックスピン）で距離感を作るのに対し、パッティングだけは順回転で距離感を作りたいからだ。

小さな振り幅で順回転を安定させるため、私はバックスイングの2倍、フォローを出すイメージを勧めている。

通常、振り子式ストロークを安定させるには、バックスイングとフォローは均等とするレッスンが多い。だが、ヘッドを軌道の最下点にセットし、ボー

ここがカン違い!
イメージ
1 : 1
ヘッドが基準
左右均等に振ると、当たり負けも含めてフォローが不足
結果
1.2 : 0.6

ルをその左にセットして左右均等に振ると、ボールの幅のぶんだけ、フォローが短くなる。

打球の衝撃も考慮すると、フォローを十分に出すには、2倍のイメージが有効なのだ。

意識的に出すのがベター

フォローが短いと、転がりが悪くなり不安定に

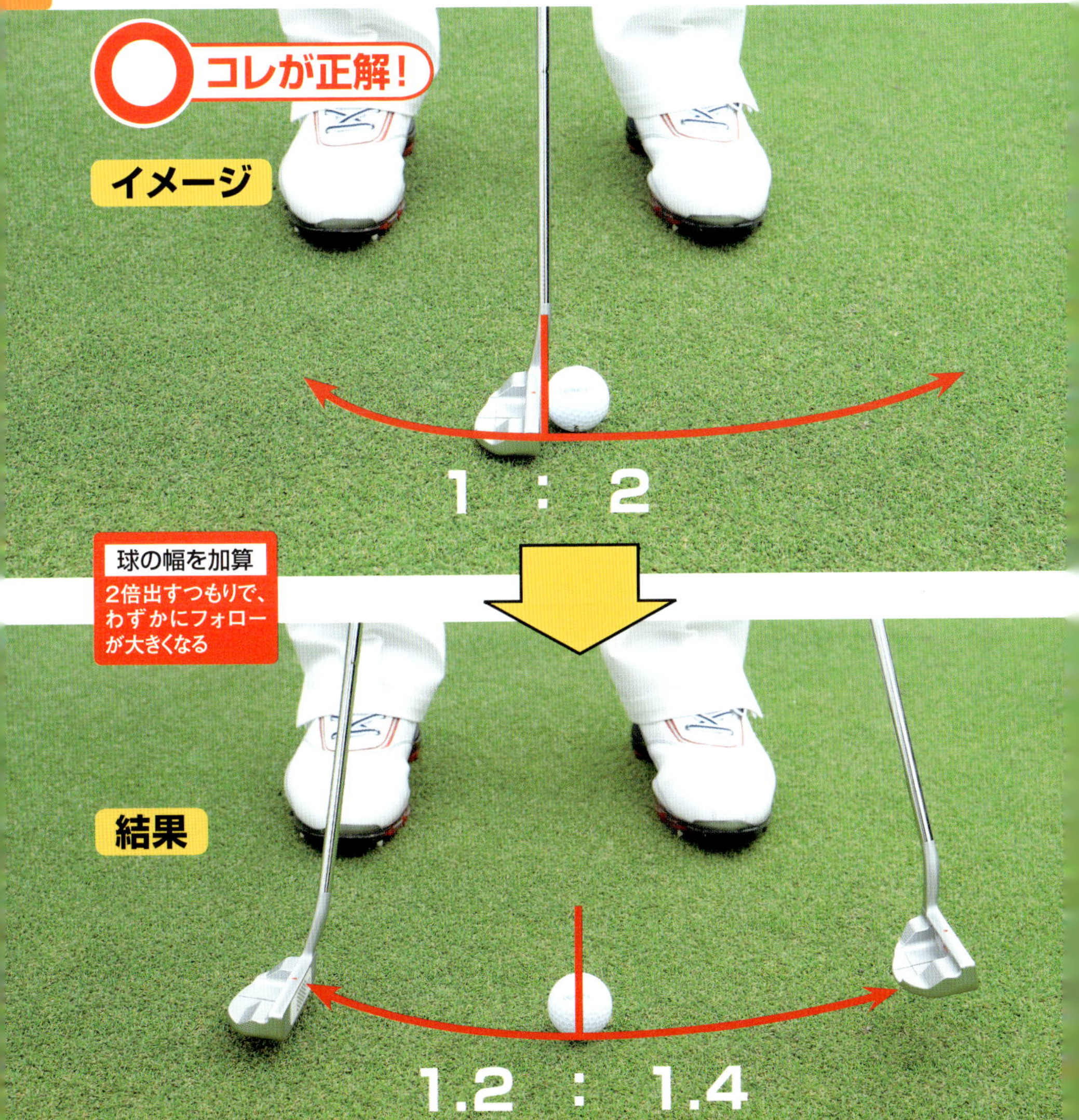
コレが正解！
イメージ
1 : 2
球の幅を加算
2倍出すつもりで、わずかにフォローが大きくなる
結果
1.2 : 1.4

カン違い

「球を見るな」なら、目を閉じるのが簡単

動く球を見続けるのはミスの元だが、目を閉じると感覚が乱れる!!

ここがカン違い!
ボールを見る
ボールを見つめていると、つられて頭が動きやすい
打球の動きを目、上体で追い続ける体勢になると、インパクトの打点もズレてしまい、左に引っかけやすくなる

バランスの良いストロークのため

私はスイングのバランスや、身体の向きがスイング中に狂わないよう「ボールを見るな！」というアドバイスをすることがよくある。これはフルショットに限らず、パッティングでも重要。特に短い距離では、アドレスでカップが視界に入り込むため、つい目で打球を追ってしまいやすい。これが引っかけて外すミスの原因となっていることが多いのだ。

　では、カップや打球を見ないよう、目を閉じればいいのかというと、そうではない。目を閉じると、肝心のスイングのバランスが崩れてしまい、別のミ

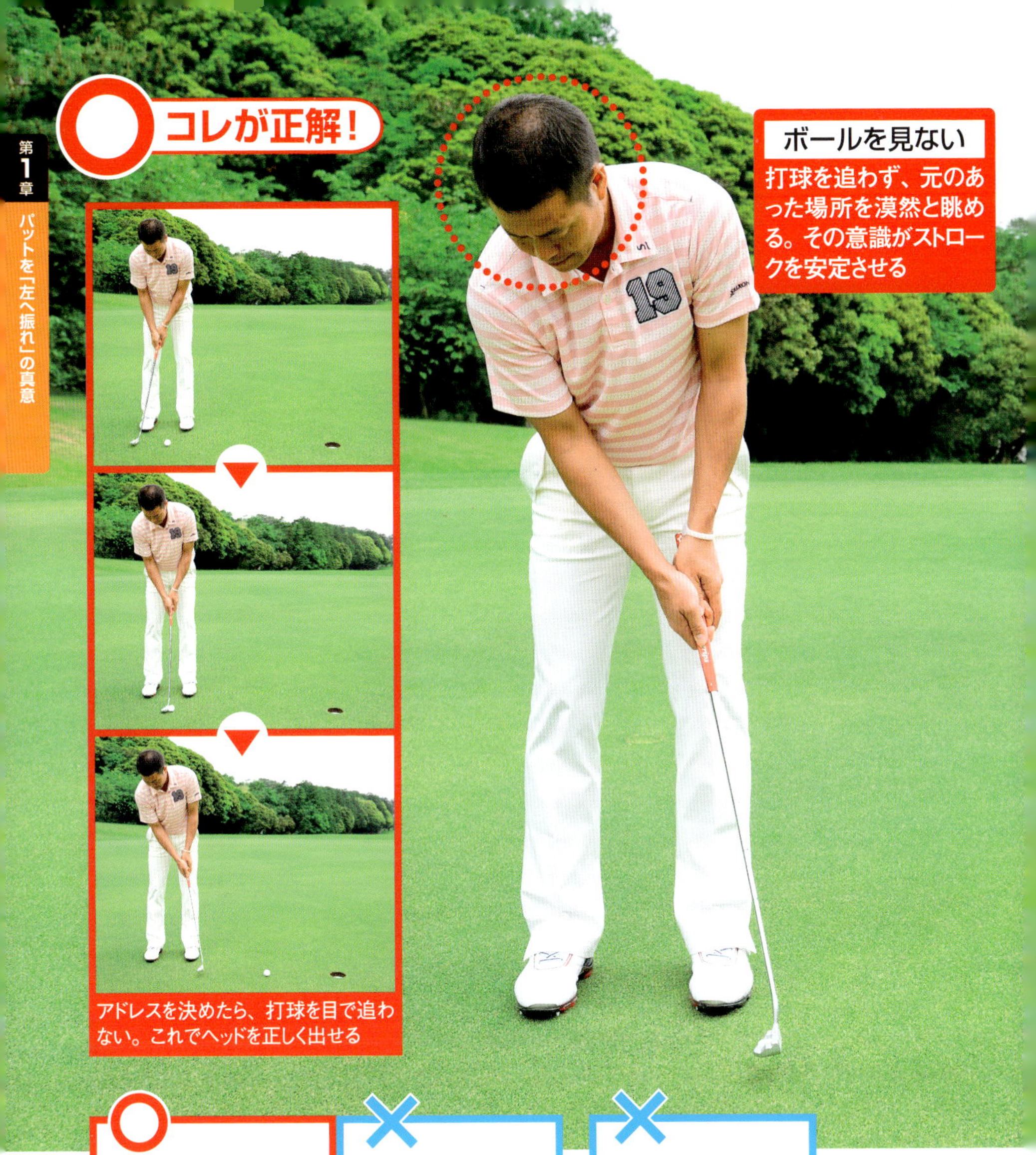
コレが正解！
ボールを見ない
打球を追わず、元のあった場所を漠然と眺める。その意識がストロークを安定させる

アドレスを決めたら、打球を目で追わない。これでヘッドを正しく出せる

目から入る周辺の情報が、身体やスイングのバランスを保つのに役立つ（左）。それをシャットアウトするのはNG（右）

目を閉じると、打球を追わないがバランスが崩れる

スを呼び込んでしまう。目はしっかり開き、球のあった場所を漠然と眺め、バランスの良いストロークを心がけてほしい。

カン違い

肩を支点にすると、体がブレなくていい

ブレない姿勢の基本は正しい前傾 腕の重さを「真っすぐ」垂らせ!!

右肩を支点

左肩を支点

頭が突っ込まない

右肩が出ず、頭が突っ込まない。アッパー気味に順回転をかける感覚

フォローが低く出る

フォローで身体が開きにくく、しっかりボールを押し込める感覚になる

腕の重さは支えずに「左右に振る」だけ

スイング軸がブレないようにする基本は、前傾姿勢による腕の垂らし方にある。背骨を軸に振られる身体の部位で、最も重いのは腕。これがインパクトエリアで脱力した状態で、肩から真下に垂れている感覚だと、肩や背中に余計な負荷がかからず、軸ブレが生じにくい。

これはパッティングに限らず、全ショット共通だ。腕の重さを真っすぐ垂らすために、前傾していると考えてもいい。左右の軸ブレを防ぐのに、肩を支点にするイメージも悪くないが、まずは自分なりの正しい前傾角度を見つけることだ。

コレが正解！

真下に垂らす

腕を垂らして左右に振るために、十分な前傾角度を取るのがポイント

腕に角度がつく

腕の重さを筋力で支えながら、当てにいく動きに。ボール位置も定まらない

クラブを太モモの付け根に当て、そこから前傾する

垂らした腕を合わせた手の位置にグリップ、目の下にヘッドが来るパターを選ぶ

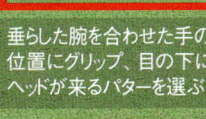

カン違い

パターは「逆オーバーラップ」で握ればOK

手首の動きを抑制するのがポイント「左人差し指」を伸ばせ!!

✕ ここがカン違い!

手首が折れる

グリップの形だけ真似てもダメ。握り込む角度が大切

平らな部分に左親指を沿わせる

どんなに背骨のスイング軸を安定させても、手首がグラついては支点が2つになってしまう。これでは安定したストロークは望めない。

手首の動きを抑えるのに、ショットよりは強めに握るというのも悪くはないが、手の中で握りが緩まず、手首がグラつかないポイントは、手とクラブの「角度」にある。

パターグリップの上の面は、他のクラブと異なり平らになっている。ここに左親指を、下のふくらみ部分から密着させる。すると、通常のパームグリップよりもグリップエンドが手首に近づき、左前腕とシャフトの角度がほとんどなくなるはずだ。人差し指は曲げにくい角度になるので、そのまま伸ばせばいい。

右手も同様に、右親指の下のふくらみで左親指とグリップの平ら部分を上から押さえ、密着するように包み込む。これで手首が左右にグラつかない、締まりの利いた握りが完成する。

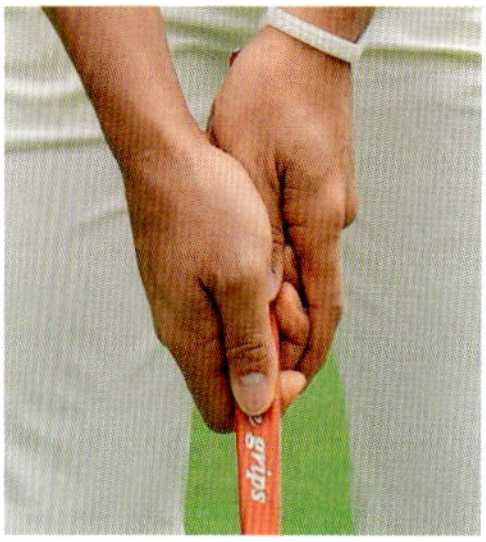

「逆オーバーラップ」でも、手首を動かなくする工夫は必要

○ コレが正解!

角度を変えて握る

親指を平らな部分に沿わせることで、シャフトと前腕の角度が減り、甲側に折れにくくなる

グリップ正面の平らな部分に、左親指を密着させる

右手も親指を密着させる感覚だが、間に左親指があるので、人差し指を伸ばす角度にはならない

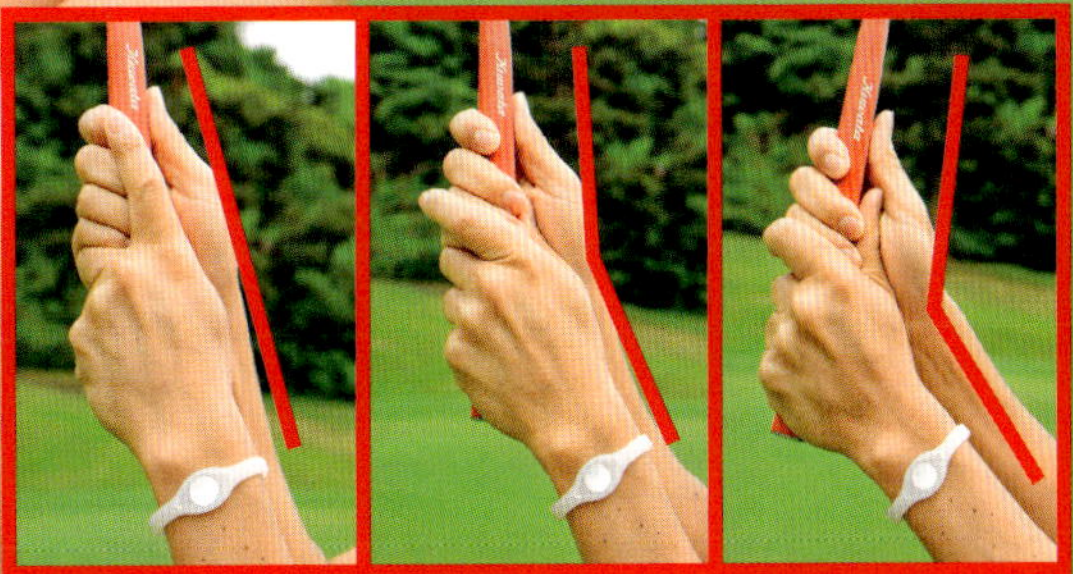

角度がつくと、ヘッドの動く幅が増えるぶん、ブレやすくなる

カン違い

「外向きヒジ」ではブレて当然！モノを抱える「下向きヒジ」にしろ!!

ヒジは下向きにして前腕をねじって戻す

腕を真っすぐ垂らし、前腕とシャフトの角度をなくしても、まだ緩むところがあるとすれば、両脇だろう。

よく「肩・ヒジ・手首の五角形をキープ」などと言うが、ヒジが外向きに張り出してしまえば、両脇が開くのは当然。ヘッド軌道もブレるはずだ。

これを解消するには、垂らした腕の両ヒジを下に向けるように回す。すると手のひらが正面を向くので、前腕だけねじって戻す。これで軽く両ヒジを曲げても、脇は締まったままだ。

ここがカン違い！

五角形キープ
ヒジを外向きに張ると、脇が開いてヘッド軌道がブレる

ヒジを着ける
ヒジを体側に密着させると、ストロークが窮屈になる

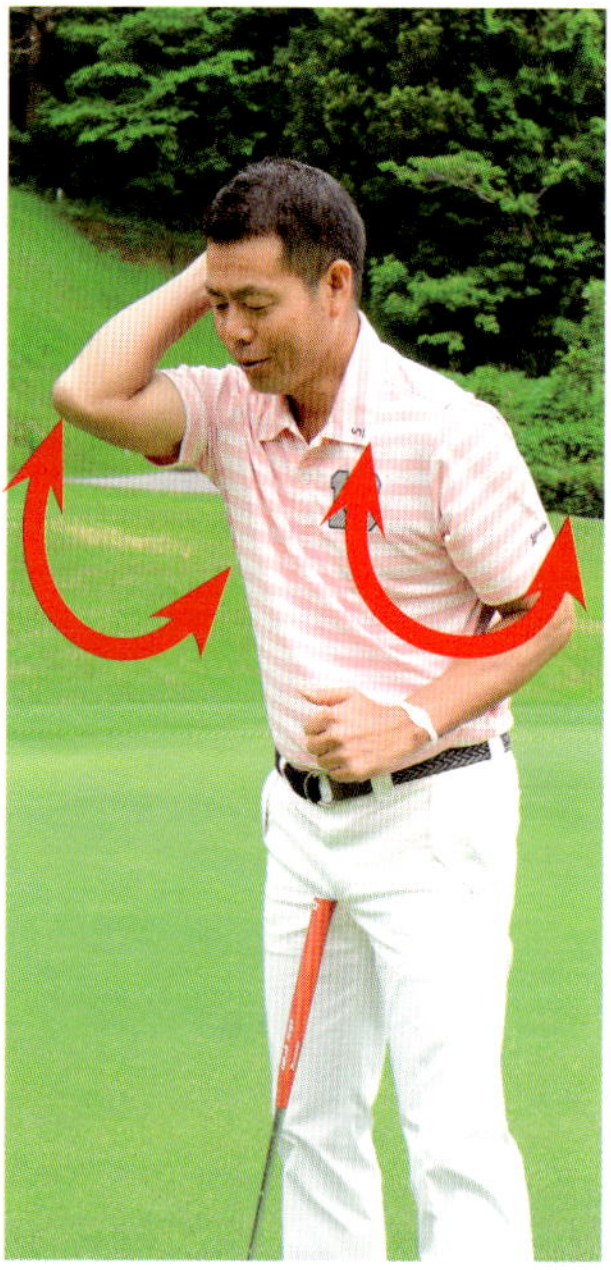

ストローク時の脇の締まり感は、走るときのヒジの振りやすさと同様にする

コレが正解!

モノを抱え上げる場合、ヒジを下向きにすると脇が締まり、全身で支えられる。パッティングも同様

腕を垂らすと、ヒジは外に向きやすい。意識的に下に向ける必要がある

ヒジを下に回す

ヒジを下に向けると、両脇は締まるが窮屈にはならない。肩のターンと手元が連動する

前腕をねじると、手のひらを合わせられる

カン違い

パターマット練習、日課だから上達するはず

次の球をかき寄せるな！自宅のマットでは「手順」を磨け!!

ここがカン違い!

球のかき寄せ

握り方も変えずに次の球をかき寄せるのは、悪い習慣

10発連続ドリルもルーティンが大切

パッティングに限らず、打球技術は知識だけでは上達しない。球数をこなすことで技術が身につき、ラウンドで生かせるようになる。

パッティングは、自宅でもパターマットなどを利用して練習を重ねることができる。だが、その使用方法を誤ると、逆に悪い感覚を覚えてしまうので要注意だ。

パターマットにはよく、白いラインがカップまで引かれている。これに沿ってヘッドを真っすぐ動かしたくなるが、それが良くないことはここまで述べてきた通り。正しく左に振り抜くストロークを心がけてほしい。

また、ボールを足元に数球用意し、スタンスを変えずに1球ずつかき寄せながら打ち続けるのもNG。中には、グリップの形もそのままでかき寄せる人もいるが、これももちろんダメ。実際のラウンドでは、そんなアドレスの決め方はない。

1球ごとに、ボールの先にスパット(目印)を見つけ、それに合わせてフェースの向き、グリップ位置を決める。それからスタンス位置を決め、改めてグリップを決める、といったルーティン(順序)を繰り返し、マスターするべきだ。10球連続カップインを狙うドリルも、これで内容がグッと濃くなる。

ルーティンの手順

❶ 20センチ先にスパット確認

ライン上にゴミなどのスパット（目印）を見つける

❷ フェースを合わせる

フェースをスパットに合わせ、グリップ位置を決める

❸ スタンスを決める

グリップ、ボール位置に合わせてスタンスを取る

❹ きっちりグリップする

アドレスの最後にグリップを完成させて、打つ

このルーティンは、ショットのアドレスにも通じるので、習慣化させる必要がある

カン違い

長いパット、振り幅のせいか芯を外れる

短いパットと「同じ時間」で振るな！振り幅2倍なら、振る時間も2倍だ!!

ここがカン違い！
ヘッドが遅れる
打ち急ぐと、シャフトがしなり、ヘッドが遅れてブレる

「同じ時間」感覚が打ち急ぎの原因

コースでロングパットになると、ストロークがブレて芯を外してしまい、大ショートといったミスが出やすい。これは、ストロークの幅が増えたためというよりも、打ち急ぎが原因のケースが多い。

すべてのストロークを、同じ時間、同じテンポで行おうとするから、無理が生じるのだ。40センチの振り幅を2秒で行うなら、80センチの振り幅は2倍の4秒かければいい。

この感覚は、アプローチにも通用する。要チェックだ。

ヒットの強さより、振り幅を広げるほうが距離感を作りやすい。打ち急ぎは禁物

○ コレが正解！

振り幅＝振る時間

振り幅に応じて、振る時間も伸ばせば打ち急がない。ストロークが安定し、芯で打てる

カン違い

「ボールを放る感じ」で距離感をつかむ

「届け!」では大オーバー「止める」には手前から転がしだ!!

距離感を合わせる
見ながら素振り
カップとボールを同時に見て、イメージできる距離感を振り幅に変換する

手で放り投げる
練習グリーンで実際にボールを投げて、そのスピード感をイメージする

「止める」意識で落とし所を決める

よく「ボールを放る感じ」で距離感を合わせると言うが、カップまでダイレクトに届かせるイメージではダメ。大オーバー感覚になる。「寄せる」というのは「近くに止める」ということ。「ネバー・アップ、ネバー・イン」と言っても、ロングパットは寄せることが先決。届かせることばかり考えていては、3パットはなくならない。

ボールを放るにしても、手前に落として転がさないと、カップ近くに止まらないはずだ。

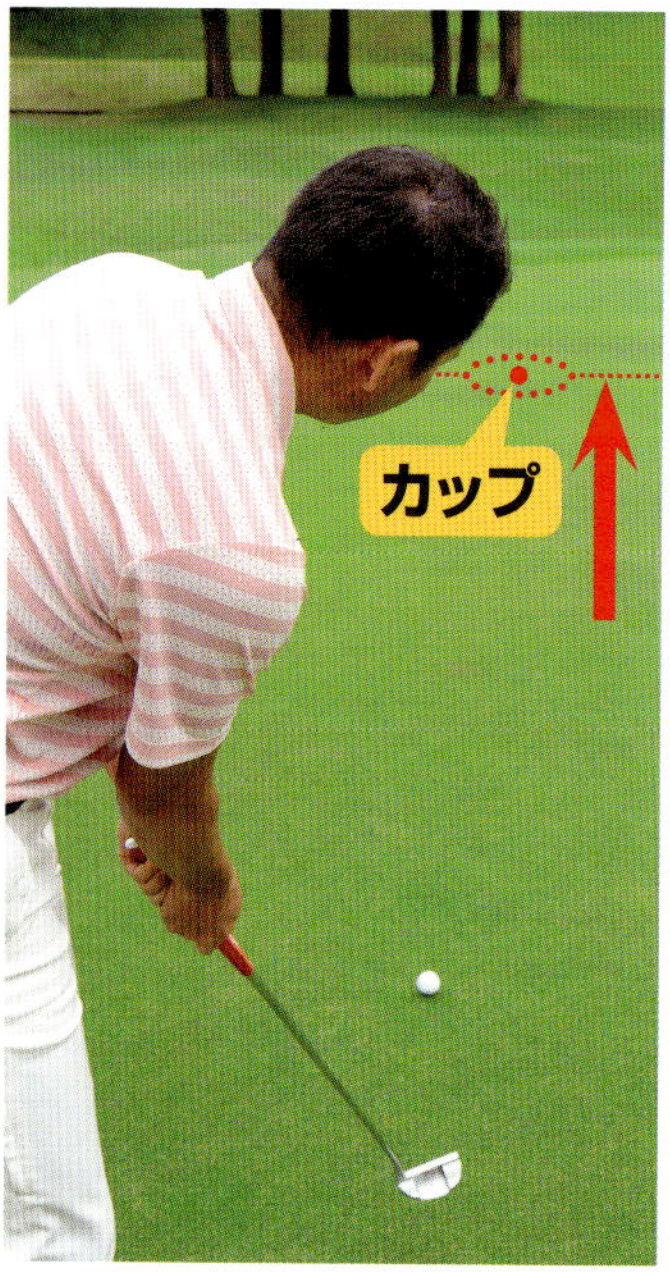
カップ

ロングパットは、カップまでの距離で「止める」意識が大切。「届かせる」ではない

コレが正解!
カップ
落とし所へ
カップで「止める」想定なら、手前の落とし所が決まる
カップ
ここがカン違い!
カップ
ダイレクトに
ボールを直接届かせる感覚では、大オーバーになる
カップ

カン違い

スタート前は、球の転がり具合をチェック

球を弾くな、なでるな！手首の固定を再チェックしろ!!

ここがカン違い！
手首で弾く
重いグリーンでは、つい手首の動きで強くヒットしがち

重いグリーンではつい手首を使いがち

スタート前の練習グリーンでは、その日の速さやコンディションをつかむため、自分なりの気持ちいい振り幅、ストロークで、どのように転がるかをチェックする。

ただし、ここで注意したいのは、グリーンの速さに応じて打ち方を変えてしまわないことだ。特に、球足が伸びない重いグリーンでは、手首を使って弾くようになりがち。逆に速い場合は、なでるような打ち方になりやすい。手首の固定を再確認してスタートしてほしい。

速いグリーンではヘッドを出せなくなり、手元が先行する、なでるような打ち方に

◯ コレが正解！

グリップを再確認

左親指が下のふくらみから、グリップ正面の平らな部分に密着していると、手首が動かない

手元とヘッドはストローク中、胸の正面から外れない。手首の角度も変わらずにキープされる

カン違い

曲がるラインの狙い所が決まらない

「仮想カップ」を決めろ！グリーン上では常に「1つだけ」だ!!

「仮想カップ」に「止め」れば入る

目標地点に「止める」パッティングスタイルが身についていれば、曲がるラインの狙い所はカンタンに決まる。

グリーンの傾斜や芝目によって、カップの近くに「仮想カップ」を想定すればいいのだ。これはよほど複雑な芝目が入り込まない限り、常に1つのカップに1つだけ、決まる。

たとえば、上の写真。左手前からやや右奥に向かって傾斜しているため、仮想カップは左手前となる。3カ所からそれぞれカップインを狙う場合でも、同じ仮想カップに対して真っすぐ狙えばいいことがわ

コレが正解！
ここがカン違い！
曲がりを想定
曲がり具合のイメージでは、打ち出しがブレやすい
「仮想カップ」
どこから狙っても、1つのカップに対して、常に1つだけ決まる。ここに「止める」意識で打つ

「仮想カップ」（赤）に「止める」つもりで真っすぐ打てば、傾斜が打球をカップに運ぶ

かるだろう。

漠然と曲がり具合をイメージしていると、ついカップに意識が向いてしまい、打ち出しがカップ方向にブレやすい。カップから離れる外し方をしている人は、ぜひ試してほしい。

カン違い

曲がるラインに乗せられない…

「傾斜」に立っていることを忘れるな！ アドレスを微調整しろ!!

ここがカン違い！
ツマ先上がり
カカトに体重がかかりやすく、引っかけが出やすい
フックライン

ヘッドの据え方と体重のかけ方を確認

「仮想カップ」に対して真っすぐ打つつもりなのに、なぜか打ち損なうという人は、曲がるラインは「傾斜」に立っていることを見逃している。そのため、アドレスの姿勢が崩れ、正しく打ち出せなくなっている。

たとえば、フックラインなら「ツマ先上がり」のはず。微妙な傾斜でも、体重がカカトにかかりやすく、前傾が浅くなって引っかけが出る。逆にスライスラインは「ツマ先下がり」なので、前のめりになりやすい。そういった傾向に対処したヘッドの据え方と体重のかけ方をすれば、ミスは防止できる。

ここがカン違い！
ツマ先下がり
前のめりになりやすく、押し出しのミスが出やすい
スライスライン

狙いの修正
アドレスを変えず、「仮想カップ」を右に変更も一手

ヒールを浮かす
ツマ先寄りに体重をかけ、ヒールを浮かせばOK

〇 コレが正解！

左に振り抜く
インパクトで合わせず、ヘッドを出すと押し出さない

トウを上げる
カカト寄りに体重をかけ、トウを上げると球が捕まる

カン違い

「上り」は届かない、「下り」は止まらない…

インパクトで考えるな！ フォローの出し方で転がりは変わる

ここがカン違い!
下り
上り
当てて終わり
オーバーを恐れると、当てるだけでフォローが止まる
パンチが入る
強く打とうとして手に力が入ると、フォローが出ない

詰まるフォローはラインに乗らない

上りや下りのパットで、距離感や方向性が狂うという人は、フォローの出し方をチェックするといい。大抵はインパクトで止めるような加減によるミスが多いからだ。

上りではしっかり打とうとしてパンチが入る。下りでは転がりすぎを恐れて当てるだけ。これではどちらもフォローが出ず、方向性も距離感も合わせられない。

フォローを出すことを意識すると、上りではフォローの大きさで届かせるイメージに。下りでは、ラインにそっと乗せるように動かせるようになる。

コレが正解！

下り
ゆっくり押す
ラインに押し出すイメージなら、速度を落として打てる

振り幅を重視
ヒットする力ではなく、振り幅の大きさで届かせる
上り

フォローで乗せる
そっと運ぶ
フォローでラインに乗せる意識だと、ゆっくり動かせる

フォローで届かせる
もうひと押し
振り幅の広げ方をフォロー側にすると、球足が伸びる

Column

「手を使わない=S1」を「手打ち」より先に覚える理由

「クォーター理論」では、正しい球の叩き方を身につけるために、インパクト直前の4分の1のスイングエリアを重視しています。この「クォーター」エリアでの正しいクラブの動かし方を覚える手段として、私は大きく3つのステップに分けています。

まず、手の動きを入れず、肩の回転だけで動かす「S1」動作。次に、下半身の動きで身体の回転を加える「S2」動作。そして「手打ち」のイメージでアームローテーションを行う「S3」動作。これらを最終的にミックスすることで、スイングが完成します

「クォーター理論」は「手打ち」がメインのはず、それなのに手を使わない動作を2つも先に覚えるのはなぜ……？　と疑問に思う人もいるでしょう。たしかに「手打ち」は重要なパーツですが、スイングの下半分で、安定したインパクトゾーンを作るには、パットやアプローチに通じる「S1」と「S2」の動きを、先に丁寧にマスターしておくことが必要なのです。

レッスンを続けていくと、大抵の人が「S3」を練習する段階で一度、つまずきます。それは「S3」の練習に集中して「S1」「S2」で覚えたことが疎かになるからです。常に確認する必要がある動作が、この3つなのです。

第2章

「手打ち」ではない「スイング部品」を作る

カン違い

フェースの向きは「刃」で合わせる

フェースの「面」を忘れるな！ヒールを浮かすなら左に向けろ!!

ザックリがない

ヒールを浮かすと、ソールの接地面積が減り、ザックリのミスにならない

パットの打ち方で「パットアプローチ」

パッティングの基本を学んだら、次はその打ち方を発展させた転がしのアプローチを身につけたい。

番手はショートアイアンかウエッジでＯＫ。ヒールを吊り上げて、トウ寄りにボールをセットし、パッティングの打ち方をそのまま行う。パターと違い、多少キャリーが出るのでグリーン周りからの寄せに使える。

これを私は「パットアプローチ」と呼んでいる。注意点は、ヒールを浮かすぶん、フェースを左に向けることだ。

ヘッドを吊るすようにすると、パッティングと同じ振り方でストロークできる

真っすぐ向ける

刃の向きを目標に合わせると、ヒールが浮くぶん、フェース面は右向きに。押し出してしまう

左に向ける

ヒールを浮かしたぶん、フェースを左に向ける。トップラインがスクエアになるぐらいが目安

「芯」で打つから距離感が合う

「芯」を外せば飛びすぎない 振り幅を増やしてザックリ解消!!

勢いがあるほど刺さらず抜ける

「パットアプローチ」は芯ではなく、トウ下寄りが打点になる。芯で打たないぶん、距離が出なくなるが、実はそれもメリットの1つだ。

距離が出ないぶん、振り幅を大きくでき、ヘッドに勢いをつけることができる。少しボールが沈んでいて、ヘッドが突っかかりやすいライでも、勢いがあればラクに抜ける。「短い距離でもしっかり振る」「ダフらせて滑らせる」という、アプローチの基本が、ここから身につくようになるのだ。

ここがカン違い!
正解
カン違い
SRIXON
I.KUWATA
芯で打たない
無理に芯で打とうとすると、刃から当たるミスに。トウ下寄りでヒットするのが正解

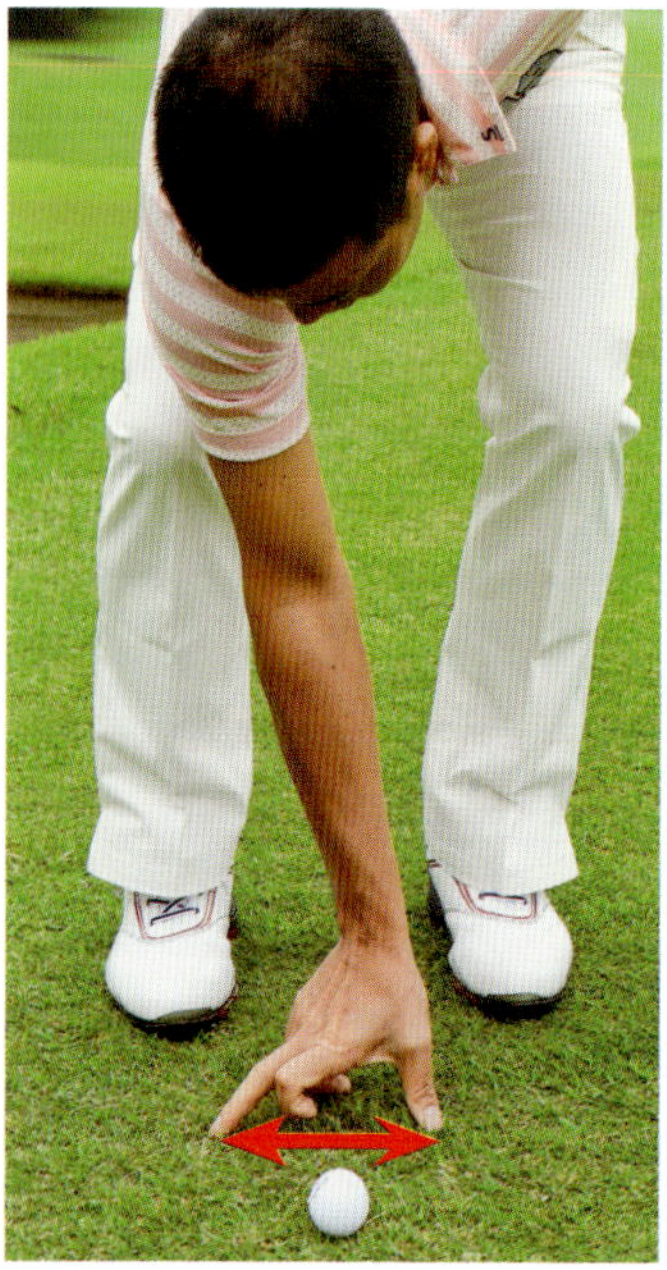

ボールを挟んだ20センチぐらいの幅を、ヘッドを滑らせて払い打つイメージ

○コレが正解！

ターフをこする

パッティング同様の払い打ち。打ち込まずに、ソールのトウ側でターフをこするように打つ

フォローを出す

芯を外しているぶん、フォローをしっかり出す。これで大きめの振り幅で距離感が作れる

番手を換えると、距離感が合わない…

先に止める場所を考えるな！振り幅、落とし場所が「モノサシ」だ!!

キャリーとランのバランスを考える

短いアプローチで番手を換える理由は、キャリーとランの比率を変えることがメインだ。「パットアプローチ」は振り幅の限界から、30ヤード以内、20ヤード前後のエリアで使うのがメインになる。イレギュラーな跳ね方をしないよう、グリーン面にファーストバウンドをさせるため、キャリーを増やしたければロフトの大きいウェッジ、ランを増やしたければ8番アイアンといったように使い分ける。

練習時に注意してほしいのは、目標に対してのトータル距離を合わせるようにするのではなく、振り幅を一定にして番手ごとのキャリーとランがどう出るか、もしくは番手を換えながら落とし場所を一定にすると、ランがどのくらい出るかを確認するようにしてほしい。この「モノサシ」感覚がコースで使える距離感となり、他のアプローチにもつながるのだ。

8
P
58
RM-11

メリハリがつくよう、1番手とばした3本で練習すると、弾道の違いがわかりやすい

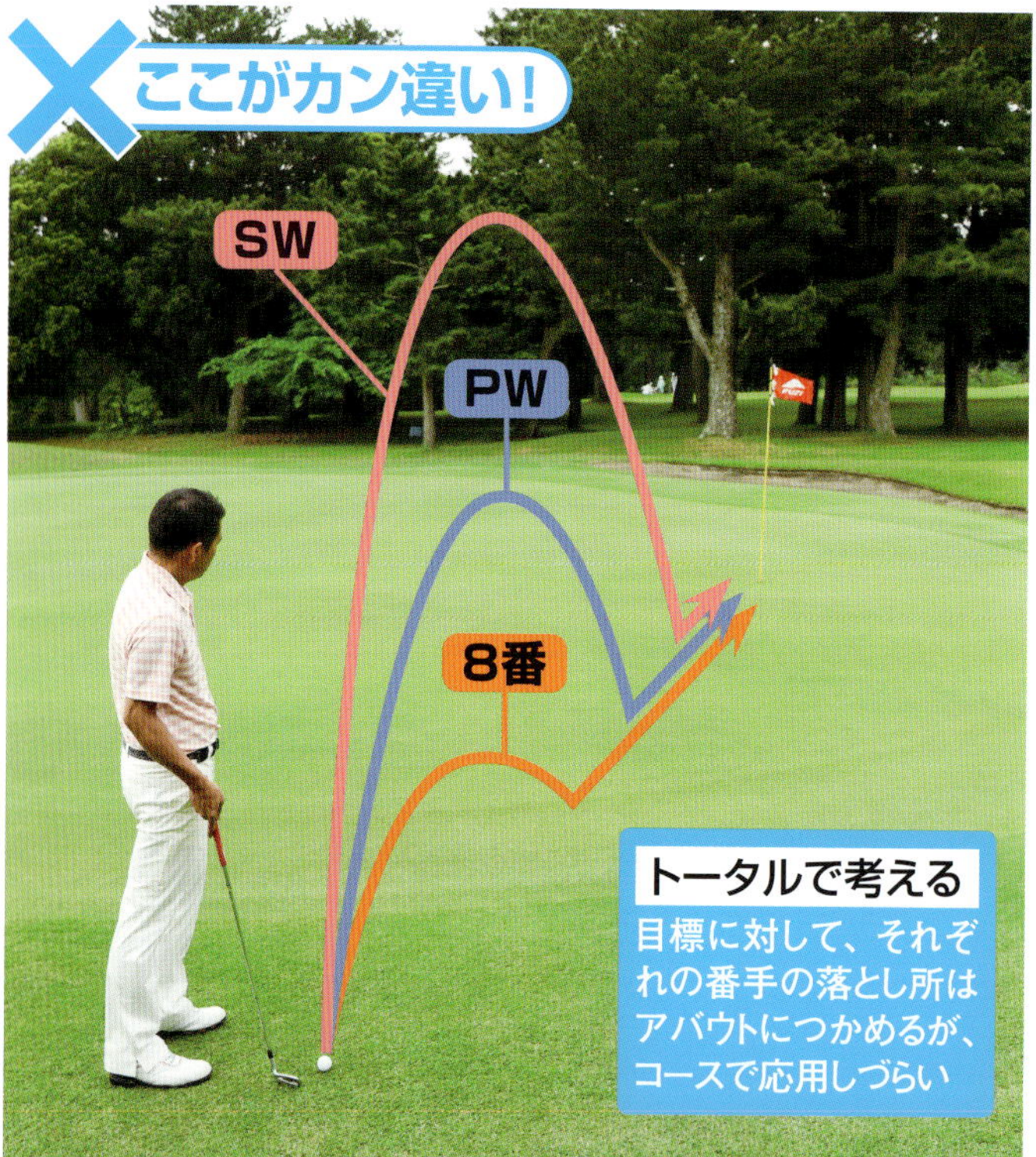
ここがカン違い！
SW
PW
8番
トータルで考える
目標に対して、それぞれの番手の落とし所はアバウトにつかめるが、コースで応用しづらい

振り幅一定

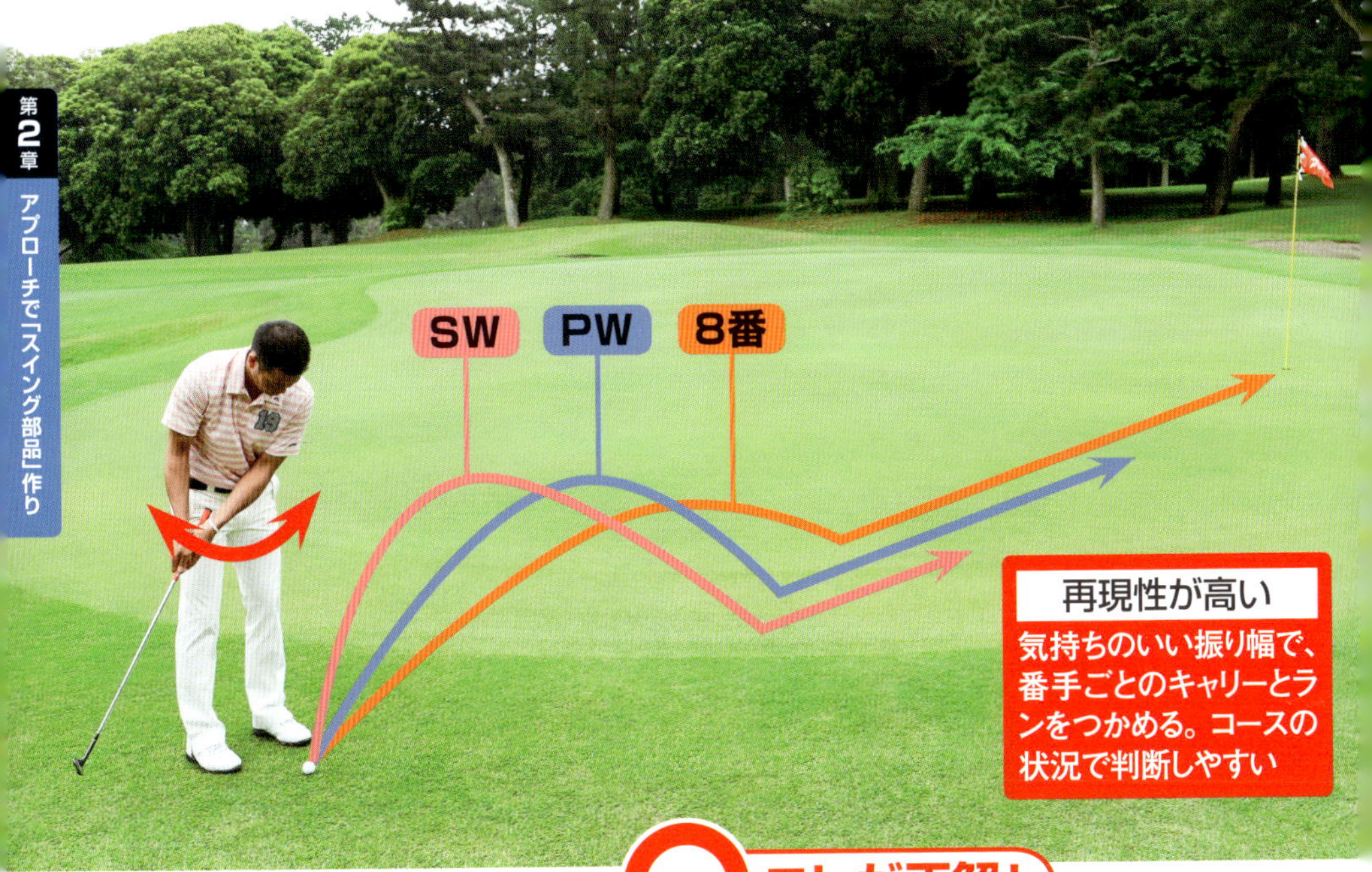

再現性が高い

気持ちのいい振り幅で、番手ごとのキャリーとランをつかめる。コースの状況で判断しやすい

○ コレが正解！

落とし場所一定

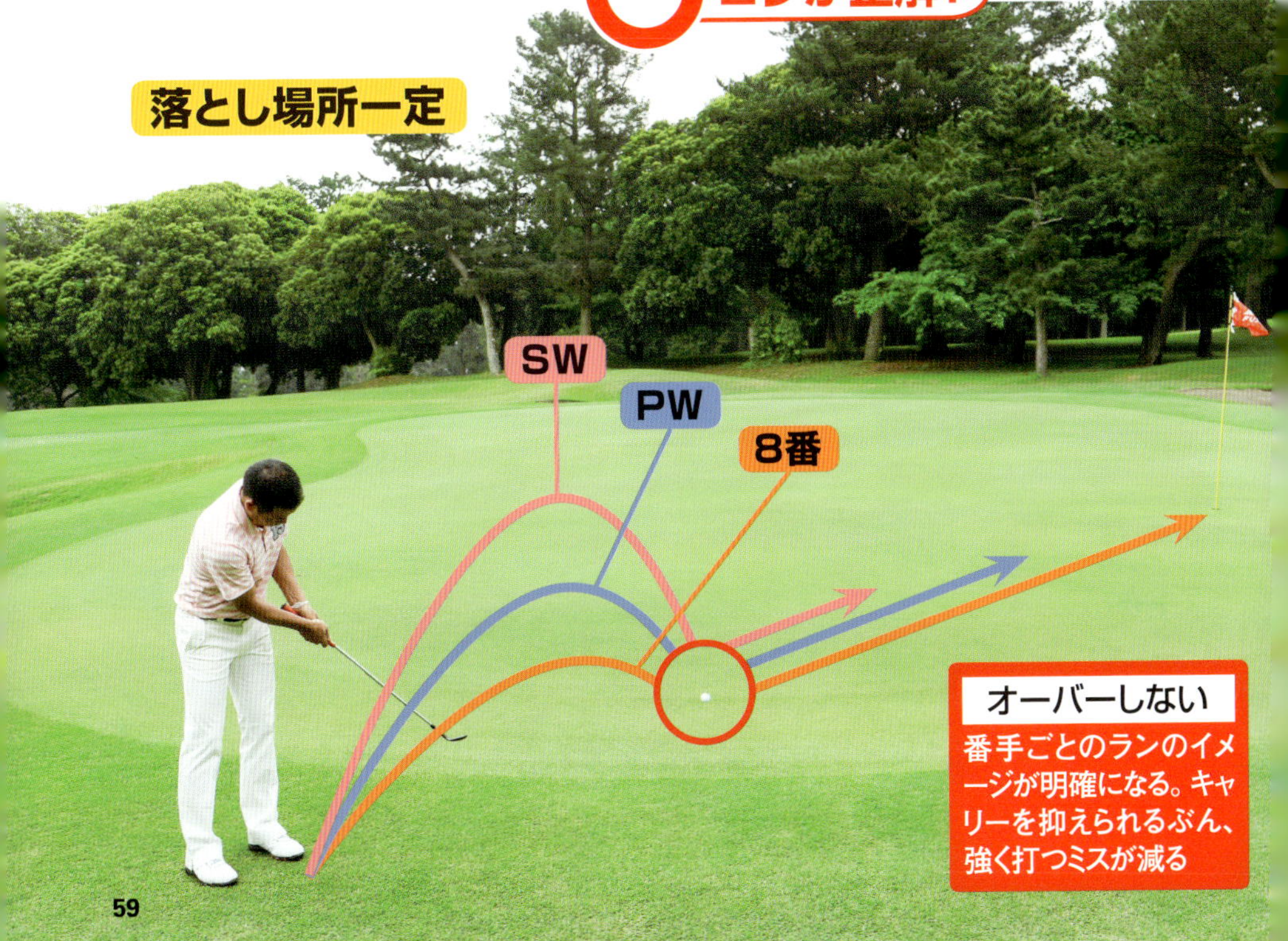

オーバーしない

番手ごとのランのイメージが明確になる。キャリーを抑えられるぶん、強く打つミスが減る

ランニングまではパットと同じ シャフトは左に倒すな!!

ソールを滑らせて ソフトに打ち出す

「パットアプローチ」の次は「クォーター理論」習得の基本動作であり、肩のターンだけで左右対称に振る「S1」に進んでも構わない。だが、その前に既存のレッスンとは少し違う「クォーター理論式ランニングアプローチ」を学ぶと、グリップやクラブの動かし方に対する理解が深まり「S1」への移行がよりスムーズになる。

他のレッスンとの大きな違いは、ハンドファーストにしないこと。ソールが滑って抜け、ロフトなりにソフトに打ち出せる。「パットアプローチ」との違いは、ヒールを浮かさずソールをぴったり着け、芯でヒットする点だ。

ライ角どおりに構えるため、グリップはショットと同じにして、手首には少し角度ができる。結果、ヘッドの振り幅が増え、芯で打つことから「パットアプローチ」よりも長い距離を転がせるようになる。

パットアプローチ

ランニングアプローチ

ショット

手首に角度がつくことで、ヘッドの動く幅が増え、距離が出せるようになる

ヒールを浮かさず、ソール全面を地面に着ける。芯で打てるので、長く転がる

シャフトを前傾させないので、打ち出しがロフトなりにソフトになる

○ コレが正解!

左に出さない

手元を左に出さないので、ロフトが生かせる

× ここがカン違い!

上からヘッドをぶつけると、ザックリしやすい

ロフトが立つ

ボール位置が右のハンドファーストは、強く出やすい

カン違い

短い寄せはオープンに立つ…なぜ？

フォローの詰まりを防ぐ手段だから「ツマ先だけ左」でOK!!

✕ ここがカン違い！

肩、腰を開く

意味もなく肩や腰を開くオープンスタンスはミスの元

身体の向きを大きく変える必要はない

「パットアプローチ」とは異なり「ランニングアプローチ」ではグリップをショットと同じにする。理由は、手首に角度をつけて、ライ角どおりにソールするためだ。

ハンドファーストにしないことで、ヒールを浮かさなくても、バウンスを生かしてソールを滑らせることができる。

ただし、グリップがショット用なので、スタンスもショット用に移行する。足幅を狭めると、無用な体重移動や軸ブレが防げる。さらに、万が一ヘッドが突っかかってもフォローが詰まらないよう、少しオープンスタンスの感覚を取り込むため、ツマ先だけ左に向けるといい。

ヘッドが突っかかると、左肩が浮いて引っかけのミスになりやすい

○ コレが正解！

ソールをぴったり着け、シャフトを左右に傾けず、グリップ位置を決める

手首の角度を意識しながら、指を隙間なく詰めてグリップ。強く握りすぎない

ツマ先の向きを戻して確認すると、ボール位置が背骨軸より左なのがわかる

ツマ先だけ左

スイングの最下点にあるヘッドが両足の中央。そこからツマ先をボールの先に向ければOK

フェースを返さず、ラインに乗せる

手で合わせるな！パットと同じく「左へ振れ!!」

ここがカン違い！
手ごと真っすぐ
フェースを返すまいと、手とヘッドを突き出す

肩の回転に従い手元は身体の近くに

転がし主体のアプローチでは、ラインに乗せたくなる気持ちが強いせいか、フェースを返さずにヘッドを真っすぐ突き出す動きをする人が多い。これでは、実質的にフェースを開いて当てる動きになるので、打球は右にそれてしまう。

ツマ先を左に向けたオープンスタンスといっても、ヘッド軌道はインサイド・イン。わずかに上から入って、低く抜けるぐらいなので、パッティングと同じく「左へ振る」感覚でいい。手元を身体の近くから離さなければ、自然とヘッドはインサイドに抜けていく。

パッティング同様、ヘッドは常に胸の正面。フェースは背骨に対してスクエア

左へ振り抜く

パッティングより前傾が浅いぶん、明らかにインサイドに振り抜ける。手を身体から離さない

カン違い

「S1」はなぜ「左下」に振るの?

振り幅が増えるとあおりやすい!「左下」目線でちょうどいい!!

フォローの意識があおりにつながる

いよいよ「クォーター理論」の基本動作「S1」に移ろう。手と腕の動きを抑え、肩のターンで左右対称に振る動きだ。「S1」とランニングアプローチの違いは、少しトウが浮くヘッドの据え方と、グリップエンドが左太モモの付け根を指すわずかなハンドファーストになること。ボール位置も両カカトの中央に移動する。

手首の角度もフルショットと同じになるので、振り幅も時計の「9時」から「3時」に広がる。そのぶんフォローであおりやすくなるので、左下に振る感覚を強調する必要がある。

✕ ここがカン違い!

見上げる目線

上げるイメージでは、つい目線も上に。あおりやすくなる

○ コレが正解!

目線を下げる

落とし所に集中し、目線を下げる。すくい上げにならない

プレーンを左下に傾ける

左下に振る意識なら「9時」から振り下ろして「3時」に正しく収まる

右肩を下げない

スイングプレーンが左下に傾くイメージだと、右肩が下がらず悪い動きを防げる

カン違い

「S1」で左に引っかかる…

パットアプローチの逆！フェースを開いてスクエアだ!!

通常のフェースは左を向いている

SWに限らず、フルショットでのシャフトのタテしなりを計算してある通常のクラブは、アドレス時にトウが浮いている。つまりヒールを浮かす「パットアプローチ」とは逆に、フェースを右に向けなくては、目標に真っすぐ打てないのだ。

フェースを開くと、ハンドファーストにしてもバウンスが強調されて、ソールが滑りやすくなるメリットもある。SWを使った「S1」で、スピンの利いたピッチショットをマスターすることもできる。

ここがカン違い！
刃がスクエア
手首に角度がつき、トウが浮くのでフェースは左向きに

左に打ち出す
打ち方は正しいが、フェースの向きのせいで左に出る

コレが正解!
フェースを開く
わずかなハンドファーストに合わせて、フェースを右向きに開く。バウンスが強調される

ソールが滑る
バウンスから着地するので、ソールが滑って抜ける

カン違い

「S2」はフォローを取らない？

「6時」でわざと止めるな！フォローは勝手に出て当然!!

「背中」で上げ「足」で下ろす「S2」

「S1」を覚えたら、下半身の動きを加える「S2」に進む。ここでも手を使う意識はなく、背中を目標に向ける意識で上体を90度ターン。ここから、足で下半身を左に90度ターンさせると、クラブと上体が元の位置に戻る。この動きが「S2」で、クラブの動いた範囲はまさに「クォーター」エリアだ。

実際にボールを打つ場合は、ヘッドがインパクトで止まるわけではない。止める意思がなければ、フォローは惰性で勝手に出る。それで正解だ。

ここがカン違い！

戻って止まる

クラブには勢いがあるのに、手などで無理に止めている

惰性でフォロー

惰性でヘッドが出るフォローのイメージは、振り子運動を考えるとわかりやすい

コレが正解!　「S2」のイメージ

軸を意識する

背骨を軸に上体のターンで上げ、下半身のターンで下ろす

1 2 3 4

5

勢いを止めない

インパクトまでが「S2」の動きだが、クラブの慣性を無理に止めなければフォローは十分出る

カン違い

ボール位置を変えるとザックリばかり

下からすくうな、上から叩くな！浅く払い打てば振り抜ける!!

惰性でフォロー
振り幅や抜け具合でフォローの大きさは自然と変わる

ボール位置ごとに打ち方は変えない

「S2」をスムーズに実践するために、私は「背中、足」と声を出したり、イメージしたりしながらスイングすることを勧めている。「背中」で上げて「足」で下ろすと、手を使う意識にならず、ゆったりと緩やかな軌道で振れるようになる。

緩やかな軌道になれば、ボール位置を変えても、打ち方を変えずにミートできる。ボール位置を左右に移すことでインパクト時のロフトを変え、打球の高さを調整できるようになる。ボールの5センチ手前からソールを滑らせていくイメージを大切にしてほしい。

○コレが正解！

高く上げる
手元が右に
ロフトを増やすため グリップ位置を右 に移して構える
低く運ぶ
手元が左に
ロフトを減らすため 手元を左に。構え も合わせて移動
浅い入射角
ボールの手前5セ ンチからヘッドを滑 らせるイメージ

×ここがカン違い！

上から打ち込む
低く打とうと鋭角に打 ち込み、抜けないの で左へ引く
すくい打ち
上げる意識で右肩 が落ち、すくい打ち でトップになる

カン違い

「S2」では50ヤードが限界?

距離の限界は番手で変わる 考えるべきはキャリーとランだ!!

「キャリーが必要」で番手、打ち方を変更

パッティングから「S1」までは、20ヤード前後までの距離を振り幅の変化で打ち分ける感覚を身につける。「S2」は、ロフト58度のSWで30ヤード前後が目安だが、PWなど番手を換えることで、50ヤード以上も打てる。

さて、コースではこの打ち方や番手をどう使い分けるのか。まずはパターの転がしから考えていく。

距離が長くなるとラクに届く打ち方に変え、手前にラフやバンカーといった障害があり、キャリーが必要になった時点でロフトのある番手に移行。する

✕ここがカン違い!
1本で打ち分け
ボール位置でロフトを変えて打ち分けるのは、難しい

と、高さが出て止まるぶん飛ばなくなるので、また打ち方を変えていく。「キャリーが必要」と「ランを減らす」の兼ね合いの中で、番手と打ち方の組み合わせが決まっていくのだ。

もちろん、SWなどのクラブを1本選んで、ボール位置のアレンジでの打ち分けも有効。だが、練習量の少ないアマチュアには、打ち方一定で番手を換えていく方法のほうがやさしく、ミスも減るだろう。

クラブと打ち方のアレンジ手順

パター使用

カラーからだけでなく、花道や順目の浅いラフからでも使える。ただし、20ヤード以上は諦める

パットアプローチ
ランニングアプローチ

ロフト小 → ロフト大

適度なキャリーを考えると8番アイアン・PW・SWがベター。パターで越えられないエリアをクリアする

S1

ロフト大 → ロフト小

バンカー越えなどランを抑えたい場面でSWから。振り幅の限界をPWなど長い番手でカバーしていく

S2

ロフト大 → ロフト小

「S1」の飛距離の限界を超えつつ、ランを止めたい場面でSWから。番手を換えて50ヤード以上もOK

○コレが正解！
番手を換える
打ち方を変えずに番手を換えるほうが、やさしい

カン違い

「S2」でのフェースターンは?

コック、ローリング不要! 常にスイング軸にスクエアだ!!

ヘッドの重さで手首は「しなる」だけ

「S2」ではコックを使うと誤解する人が結構いるが、そうではない。「S1」「S2」までは、あくまで手や腕を使う意識はない。ただ、私のスイングを見てコックが入っているように感じるかもしれない。

手首を使わない、というのはガチガチに固めることではない。クラブの慣性で筋肉が引っぱられるぶんは、多少「しなる」イメージで動いてもいい。

フェースターンも「しなり」感覚のぶんは動くかもしれないが、意識的にはまったく動かさない。常に背骨とスクエアのままでOKだ。

「S2」の動き

上体が90度ターンして、前傾しても背骨の軸とフェースの関係は変わらない

✕ ここがカン違い!

手で操作する

手でフェースを開くと、ヘッドが胸の正面から外れる

スイング軸（背骨）とフェースの刃（リーディングエッジ）は常にスクエア

前傾角度と一致

「S2」でもスイング中、ヘッドは常に胸の正面。トップでは前傾角度と刃のラインが一致する

ヘッドが遅い
手とヘッドを同時に戻す意識では、必ず開いて当たる

超軟シャフト

アプローチ連続写真

手を使わない「S1」「S2」でも、ダウンでヘッドを先行させる意識は大切。特に「S2」では、ダウンの「8時」のポジションで、右腰の前でヒットする感覚がほしい。シャフトが超軟らかいウェッジで打てるか試してみると、ハンドファーストでは打てないことがわかる

ヘッドを先行させることで、シャフトが逆しなり状態になる

右腰の前でリリースするイメージで、ヘッドが正しく戻る

ここがカン違い!

コレが正解!

Column

フックグリップでは「8時」でひっくり返せない

よく「S2」と「S3」の組み合わせ方、切り替え方がわからないと質問されますが、時計の文字盤の「8時」を目安にするとわかりやすいと思います。

「S1」は肩の回転だけで最大「9時」から「3時」まで。「S2」も、肩を右に90度回した「9時」のトップから、下半身で左に90度戻して「6時」のインパクト、惰性のフォローで「3時」に収まります。

フェースターンを促す「S3」は「9時」から上半分の動き……となりそうですが、実は「8時」で切り替わると考えると、理解しやすくなります。厳密に言うと「S1」「S2」での「9時」の位置は、クラブの慣性で引っぱられて、右ヒジが「たわんだ」状態であり、たたんではいません。「8時」までがフェースを開かない、つまり腕をローテーションさせないで振り上げる限界と考えてください。

その「8時」から右ヒジをたたんでフェースを「ひっくり返す」のが「S3」です。バスケットボールを、右肩の後ろに放り投げるようなイメージでOKです。これがダウンの「8時で打つ＝右ヒジを伸ばす」意識とも合ってきます。

このローテーションのメリハリは、フックグリップではできません。「S3」をマスターする上で、スクエアグリップは必須です。

第3章

「良い手打ち」と「ダメな手打ち」の違い

カン違い

「手打ち」は、とにかくヘッドを振ればいい

ヘッドを振るだけじゃダメ！ フェースで叩く意識を持て!!

ここがカン違い！
コックを解く
ただコックを解いても、フェースで正しく叩けない
手首をコネる
手首をコネてヘッドを出すと、引っかけや押し出しに

フェースターンが「S3」の重要テーマ

私が序章で述べた「手打ち」による球を捕まえる動きが、フルスイング完成に至る最後の基本動作「S3」だ。

ジュニアや初心者を見ればわかるが、本能的にはクラブを腕だけで振ろうとするのが自然だ。だからこそ、腕の動きを抑えてボディターンを勧めるレッスンが意味を持つ。

ところが、日本の多くのゴルファーは、レッスン書を読んでからスイングを覚えようとする。「クラブを腕で振る」大基本が抜け落ちるわけだ。だから「手打ち」を意識させると、劇的に改善するパターンが多い。

コレが正解！
フェースで叩く
左腕のアームローテーションで返す動きがポイント

手元がヘッドより後ろ（ハンドバック）で叩くイメージでも、実際にはボディターンで手元が追いついてヒットする

ただし、単純にヘッドをリリースして振り回せばいいわけではない。「フェースで叩く」意識が大切だ。これが正しいフェースターンを促していく。

カン違い

ヘッドはインサイドから振る

シャフトが寝るからやめろ！とにかく前に倒せ!!

ここがカン違い！
タメてから解く
ダウンのタメを意識すると、ボディターンが先行する
内側から振る
ヘッドを落としてから振ると、フェースが返らない

手首の角度はキープしたまま

「手打ち」をしようとしても、振り遅れてしまう人がいる。ヘッドをインサイドから振ろう、タメを作ってから解こうという意識が、シャフトを寝かせてしまうからだ。

こういう人に「シャフトを立てろ」と言っても間に合わない。「シャフトを前に倒せ！」と言わないと、動きが合ってこないが、やはり最初は違和感があるようだ。

だが、これはプロや上級者が手首の角度をキープしたままフェースコントロールする技術に直結するイメージでもある。まずは試してほしい。

プロや上級者は、シャフトと左前腕の角度を変えずにフェースを返す

手首の角度をキープすると、より緩やかな入射角になり、安定感が増す

シャフトの前倒し

ヒール方向ではなく、フェースのほうにシャフトを倒すことで、正しいリリースになる

カン違い

フェースを返すタイミングが合わない

「返す」じゃなくて「叩く」！「8時」の仮想ボールを打て!!

ここがカン違い！
手で合わせる
切り返し後、手でフェースを返す意識では遅い
コレが正解！
ヘッドを出す
切り返しの時点でシャフトを前倒ししてヘッドを出す

叩き方を覚えるのが「クォーター理論」

今までボディターンを熱心に練習してきたベテランゴルファーは、最初の「手打ち」で目の覚めるような当たりが出ると「S3」習得に真剣に取り組むようになる。

だが、なかなかタイミングが合わず、引っかけやシャンクなどのミスが続くことがある。どうしても以前のスイングのクセが抜けず、いつの間にか「S3」の動きに混ざるからだ。

そんな時はスイングプレーンを時計の文字盤に見立てて「8時」でインパクトするつもりで振ればいい。腕の動きと下半身の動きが合ってくる。

「8時」で打つ

「6時」で打とうとするから上下の動きがチグハグに。「8時」なら動きが合ってくる

フォローの腕の形を、ダウンで先取りするイメージ

「8時」でグリップエンドは右腰に近いと、ヘッドを出しやすい

フェースをボールに投げつけるイメージなら、手元は身体から離れない

手元が先行すると、伸び上がりなどの動きがないと、ヘッドが追いつかない

カン違い

「S3」は「左下」に振るとトップする…

「S3」は「右でゆっくり」だから「8時」でいいんだ!!

右を向いて左下に振る

上体を右に向けたまま「左下」に振ると、正しい軌道でリリースできる

「フォローで加速」は一切考えなくていい

「S1」「S2」では、右肩が落ちる動きのミスを防ぐのに「左下に振る」イメージが有効だった。だが「S3」では、腕を主体に動かすため、このイメージだけでは左に早く体重が乗ってしまい、上から打ち込むような体勢になりかねない。

だから「8時」でインパクトのイメージが大切。この手元の位置からなら「左下」に振って正しく収まるのだ。

「8時」で打つのに必要なのは「右でゆっくり」振ること。外周にある重いヘッドを先に行かせるには、内周の手元はゆっくり動く感覚が必要なのだ。

体重移動が早すぎると、ヘッド軌道が鋭角になりギッタンバッコンに

コレが正解！
ここがカン違い！
軌道が鋭角
「右でゆっくり」がないと、ヘッド軌道が鋭角になる
8
「8時」→「3時」
手元をゆっくり動かし「8時」でインパクトすれば、クラブの慣性で「3時」に抜けていく
3

「S3」は肩のターンも大事

「水平振り」からやり直せ! 肩は回すな、ヒジをたため!!

ここがカン違い!
肩を動かす
肩が動くと、肝心のアームローテーションができない

コレが正解!
肩を止める
肩を止めて、ヒジを交互にたたむから前腕が返る

肩を止めるからフェースが返る

「S3」の習得法に「水平振り」がある。クラブを肩の高さで水平に振ることで、アームローテーションによりフェースが180度ターンする感覚を学ぶドリルだが、このとき、肩まで回しては意味がない。

肩を動かさず、左右のヒジを交互にたたむことでアームローテーションが促され、フェースが返る。肩が動いてしまうと、手元のひねりなどでフェースを返す動きになり「S3」とは程遠くなってしまう。特に左肩は、引いてはいけない。

胸の面を正面からやや右に向けたままのイメージで振らないと、球は捕まらない

左肩を止めてヘッドを返しながら丸く振ろうとすると、左ヒジがたたまれる

右で大きく振る

球を捕まえるイメージを強調するには、左肩を止め、右で大きく振る。フェースが早く返る

左肩を開かない

「水平振り」ドリルでは左肩の開く動きは禁物。むしろ閉じるぐらいの使い方が正解

カン違い

フェースはキュッと返すほうが飛ぶ

余計なことは考えるな！ フェースの芯を近づけろ!!

開いたフェースは切り返しから閉じる

タメと同じ感覚で、フェースターンもインパクト直前で行うほうが飛距離は伸びると思っている人がいるようだが、そんなことをして間に合うはずがない。

「S3」のアームローテーションで、トップでフェースは90度開いている。これを、やはりアームローテーションで返す場合、切り返し直後から始めないと間に合わない。フェースの芯を早くボールの芯に近づけるつもりでいい。開いたまま下ろしている時間はないのだ。

×ここがカン違い！

ヒールが先行

インパクトで急激に返すイメージでは間に合わない

芯が遠い

フェースの芯とボールの芯が遠いイメージはダメ（上）。近づける（下）

○コレが正解！

切り返しから返す

ダウンスイングはほんの一瞬。フェースは切り返し直後から返し始めるイメージでOK

カン違い

なんで、左ヒジが曲がるんだろう…

まだ「S3」ができていない！セパレートグリップで打ってみろ!!

ここがカン違い！
左ヒジが曲がる
ヘッドを振るのが遅れると、ヒジを曲げないと返せない

コックを解く意識が邪魔をしている

「S3」をスイングで実践するには、トップから「ヨーイ、ドン」でヘッドを出していく思い切りの良さがないと、上手く機能しない。

実際にできているかどうかは、両手の間隔を空けるセパレートグリップでショットできるか、試してみるとわかる。

コックを解こうとか、少し下ろしてから返し始めようとか考えていると、ヘッドが落ちて左サイドが上がり、空振りしてしまうだろう。無理に合わせようとすると、左ヒジが曲がるはずだ。もっと早くヘッドを振り始めてほしい。

コレが正解！
ヘッドが先行
手首の角度を変えず、ヘッドを先行させると振り抜ける

1
2
3
4
5
6
7
8
9
10
11
ゆっくり大きく
左前腕のローテーションを意識し、ゆっくり大きく振る

カン違い

バンカーは、上からドスンのカット打ち

「出すだけ」でいいのか？寄せるなら「ハンドバック」だ！

バンカーショットの基本は「S3」

バンカーショットをカット打ちと思い込んでいる人に、フック要素の強い「S3」をベースにしていると言うと、驚かれることがある。フェースを開くために誤解されやすいが、スイング自体は「S3」で、ヘッドをボールの手前に投げる感覚がバウンスを生かすコツだ。

その証拠に、フェースを開いた後の左を向いたアドレスの、スタンスの正面からの連続写真（下）を見てもらおう。インパクトでは手元よりヘッドが先行するぐらいで、フォローではしっかりアームローテーションが行われている。

◯コレが正解！

「S3」で打つ

アドレスで十分フェースを開いているので、返してOK

フェースを開いた後のグリップ位置に回り込む
ここがカン違い！
手で操作する
すくい打ちも打ち込みすぎも、出すのが精一杯
「ハンドバック」
ヘッド先行のイメージで、ソールをボールの手前に落としていく。砂が薄く取れ、距離感が合う

カン違い

風の日は、上げる寄せは流される

「S3」で打ってみろ！「重い球」でバッチリ届くぞ!!

ここがカン違い！
強めに打つ
強めに打とうとすると、身体が開くミスになりがち

スピンが抑えられてドローンと運べる

フルスイングのみの基本動作と思われがちな「S3」だが、バンカーショットでもわかるとおり、小技やトラブルにも応用範囲が広い。

たとえば、向かい風の中での50ヤード。「S2」では9番アイアンなどを使うことになるが、スピンがかかって上がりすぎたり、風が急にやんで大オーバーしたりする危険性が高い。

そこで、AWで「S3」で打つ。ボール位置はスタンス中央、ドローを打つイメージで手前からソールを滑らせる。これでドローンとした弾道の「重い球」で届かせることができる。

○コレが正解!

手前から滑らせる

「S3」のドロー系アプローチは、ソールが手前から滑る払い打ちのイメージ

「S3」でドロー

スピン量が抑えられるので、風に負けない弾道になる

カン違い

頑張っても、フェースが上手く返らない…

腕でひっくり返すな！ブワーンと振れば勝手に返る!!

「ゆっくり大きく」で力に頼らず返せる

フェースターンで腕に負荷がかかってつらい、と言う人は、ヘッドを速く振ろうとしすぎていることが多い。ヘッドの進行に合わせてターンさせれば、腕にかかる負荷はほとんどないはずだ。切り返しのスタートで、ヘッドに勢いが乗せられていない、ということでもある。

まずは、ヘッドを身体から遠い位置でブワーンと動かしてみる。フェースが勝手にグルンとひっくり返る感じがつかめるはずだ。ここから徐々にスピードを上げていこう。

手元が少しでも先行すると、フェースターンが自然発生しない。腕力が必要になる

手首の角度を保つには、切り返し直後のフェースターン感覚とヘッドの勢いが必要

ここがカン違い！
腕力で返す
手元より遅れたヘッドを追いつかせるには、腕力を使う

コレが正解！
ブワーン
ヘッドをゆっくり大きく振ると、フェースが勝手に返る

グリップは小指側の3本をギュッ

フェースコントロールは親指と人差し指の密着で決まる！

3本指を締める
小指側の3本を締めても、クラブは支えられない

ターンを促す用途から考える

よく「小指・薬指・中指の3本をしっかり握れ」というレッスンがあるが、根拠はどこにあるのか。クラブを引き下ろしたり、振り回したりにはいいかもしれないが、肝心のフェースコントロールにはあまりメリットはない。

私は親指と人差し指の密着を最優先にしている。両手のこの4本で、クラブを支え、フェースターンを促すことができると思うからだ。

もちろん、他の指の間も隙間はないほうがいい。だが、特に親指と人差し指は緩みがちなので、気を配ってほしい。

親指と人差し指だけでも、腕を交差させてフェースを返すことができる

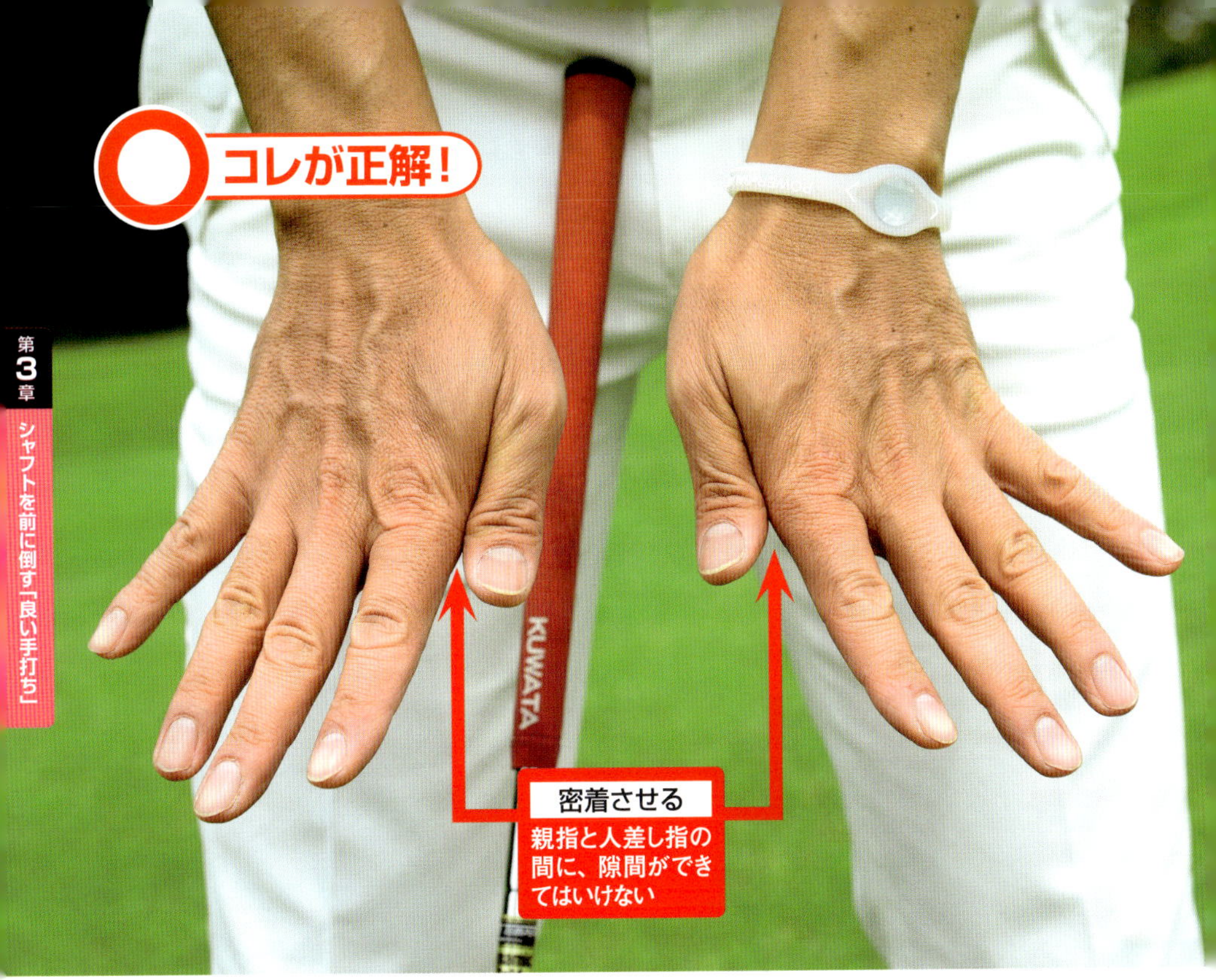
コレが正解！
KUWATA
密着させる
親指と人差し指の間に、隙間ができてはいけない

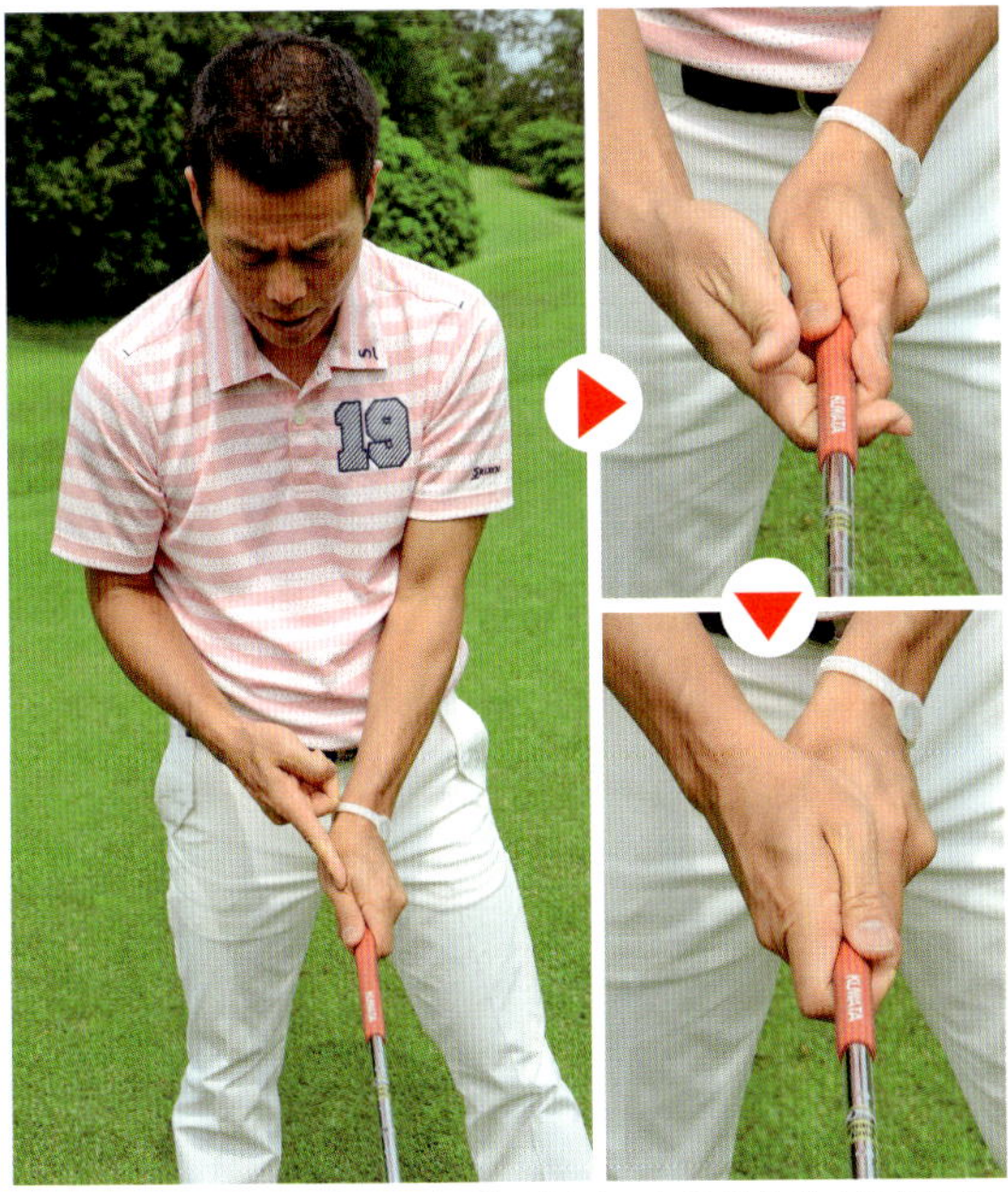
19
KUWATA

親指と人差し指のV字は、左手は右肩、右手は右首すじを指す

指の付け根にあてがい、包むように握る

引き打ち

ロブ&バンカー 連続写真

バンカーの「目玉」から、高く打ち出して軟着陸させる「引き打ち」という技がある。インパクトで手元を逆に引き戻す打ち方だが、シャフトの逆しなりを生かして弾き上げるので、ロブショットにも使える。「ハンドバック」感覚を養うドリルにもなるので、試してほしい

ロブショット

バンカーショット

Column

「解いて伸ばす」から「前に倒す」リリースへ

最初に「手打ち」の動きを覚えてもらう「水平振り」のドリルでは、ヒジを柔らかく動かして、手首のコックが自然に入って、勝手に解けるように指導していますが、これはあくまでも初期のこと。ヘッドの重さ、慣性に従うことで、フェースターンとリリースが促されるようにするわけですが、これはステップアップする過程で、変化していきます。

具体的には、左手首の角度をキープしたまま、シャフトを「前に倒す」動きになります。「フェースでボールを叩く」ために、ヘッドを先に出していくことと、フェースターンを促す意識が高まると、左肩・左手・ヘッドでできる三角形の面が、そのままボールに向かうイメージになります。

「水平振り」では、開いたフェースを起こすイメージで手元がベルトの前あたりまで下がり、先程の三角形がターンしていくようになります。

これを「手打ち」に慣れていない人に教えると、大抵腕力で返す動きを入れてしまい、本来の「S3」の動きを台無しにしてしまいます。シャフトのしなり戻りでヘッドを出していく動きができるようになった段階で、よりフェースコントロールを高めていく動きとしてマスターするのが正解です。

第4章

「フェースの向き」で決めるアイアンの「打ち分け」

カン違い

アイアンは、上から打ち込まないと

刺さる打ち方は結果がバラバラ！「ライン出し」は「押し込み」で作る!!

右の人差し指が上を向く「押し込み」

右手のひらをフェースに見立てて「8時」の仮想インパクトをすると、手のひらは斜め下を向く。そのまま手首の角度を変えず「左下に振る」ように身体をターンしていくと「右手で押し込む」動きになる。

この動きでクラブを持つと、ヘッドを手元より先に「左下に押し込む」動きになる。身体の回転スピードが上がっても、球を確実に捕まえることができ、安定してラインを出せるようになるのだ。

人差し指は上に向けておく。下に向けると、ヘッドが鋭角に落ちて地面に刺さってしまう。

コレが正解！
人差し指が上
右の人差し指が上を向けば、ヘッドが先に出て押せる

✕ ここがカン違い!

人差し指が下

上から打ち込むイメージでは、人差し指が下を向く

カン違い

ウェッジは返すと引っかけが出る

「手を返さずボディターン」が一番引っかかる原因だ！

ここがカン違い！

手を返さない
手でフェースターンを止めると、下半身の動きも止まる

ボディターン
手を使わず、腰を回すと身体が開いて引っかけてしまう

「S2」が無意識にできるまでマスター

ショートアイアンやウェッジはシャフトも短く、ヘッドの重心角も大きいので球が捕まりやすく、引っかけやすい。

だが、それでフェースターンを抑えようと、手を返さないようにするのはナンセンスだ。スイングは「S3」の腕の振りと「S2」の身体のターンの組み合わせ。引っかけを防ぐなら「S2」のスライス要素を少し強調すればいいだけだ。

「S2」の動きが無意識にできるレベルでなければ、手でフェースを操作しようとすると、下半身の動きが止まる。これが本当の引っかけの原因だ。

○ コレが正解！

イメージ
「8時」で打つ
腕の「S3」動作は「8時」で打つと「3時」に収まる
8
3

結果
「S2」が加わる
無意識に加わる「S2」のターンがフェースをスクエアに

基本は「右回り、左回り」！体重移動なんか考えるな!!

背骨の軸回転で体重は自然に移る

ドライバーで飛ばすには体重移動、アイアンのダウンブローも左への体重移動が必要だ、というレッスンがあるが、そのイメージでは軸ブレで当たらなくなってしまうだろう。

もっとシンプルに考えていい。背骨を軸に、その前面にある頭や身体が回転移動すれば、体重は自然に左右に移動する。腰やヒザを左右にスライドさせるイメージはいらない。

トップで右を向いた顔を残して「S2」のターンを入れると、力強いインパクトになる。

× ここがカン違い！

「頭」を止める
頭を動かさないことが、逆に背骨軸のブレにつながる

左右の体重移動
下半身のスライドによる体重移動は、軸ブレの原因に

コレが正解！

首すじを意識

首すじを動かさず、頭や身体をターンすれば、軸ブレすることなく自然と体重移動ができる

顔を右に残す

身体を左にブラさず正しくターンするには、アゴの下に身体の重心を意識して、顔を残す

前傾角度がイマイチわからない…

カン違い

まずはピョンと跳ねる！足の指がキュッとなるまで倒せ!!

股関節を「はめて」倒すのがポイント

アドレスの姿勢で迷いが出るのは、股関節が「はまった」状態から前傾できていない場合が多い。このチェック法としては、足を肩幅に開き、軽くジャンプしてみることだ。

着地の際、軽くヒザを曲げておくと、股関節が「はまった」状態になる。その体勢から、背すじを伸ばしたまま前傾していく。すると、体重が前にかかり、足の指がキュッと地面をつかむようになり、体重が拇指球あたりにかかる。これが、ちょうどいい前傾姿勢だ。

この地面のつかみ具合を覚えてアドレスに入れば、ボールと足の位置関係に悩まなくなるだろう。

ここがカン違い！
腰が決まらない
ヒザが曲がる、背中が丸くなる原因は股関節にある

コレが正解！
股関節で前傾
股関節から前傾すれば、背すじも伸び、体重も拇指球に

軽くジャンプして着地すると、股関節が「はまる」

アドレスの手順

❶ グリップ位置を決める

股関節から前傾し、トウが浮くようにグリップ位置を決める

❷ 左手と右足で立ち位置確認

垂らした左手をグリップに。右足でボールとの間隔を確認

❸ 左足を決めてグリップ

左足を合わせて、スタンスとグリップを微調整して、完成

ショットでは、アドレスで手元を上げてソールのトウ側まで着けてはいけない

ここがカン違い！
足と関連づける
ボール位置をスタンスとの関係で決めると、スタンス幅やライによって当たらなくなる

カン違い

ボール位置をコースで見失う…

足の位置で決めるな！グリップ位置ですべてが決まる!!

打ちたい弾道はヘッドの据え方から

ボール位置は、あらゆるライで打てるように、ヘッド軌道を決める上体のポジションと関連づける。「左足カカト線上」とかは、平らな練習場でしか役に立たない。

目安にしたいのは、グリップ位置。グリップエンドが身体のセンターより少し左の、左内モモの付け根を指すようにすると、ボールと上体の位置関係が一定になる。

コースでは弾道の高低や左右の打ち分け、ライ対応のために、アドレスではヘッドの据え方が最初に決まる。そのときのグリップ位置に対して正

コレが正解!
足位置は最後
上体の位置が決まり、それを支えるスタンスが決まる
手元位置を優先
打ちたいショットのイメージから、ヘッドの据え方、グリップ位置が最初に決まる

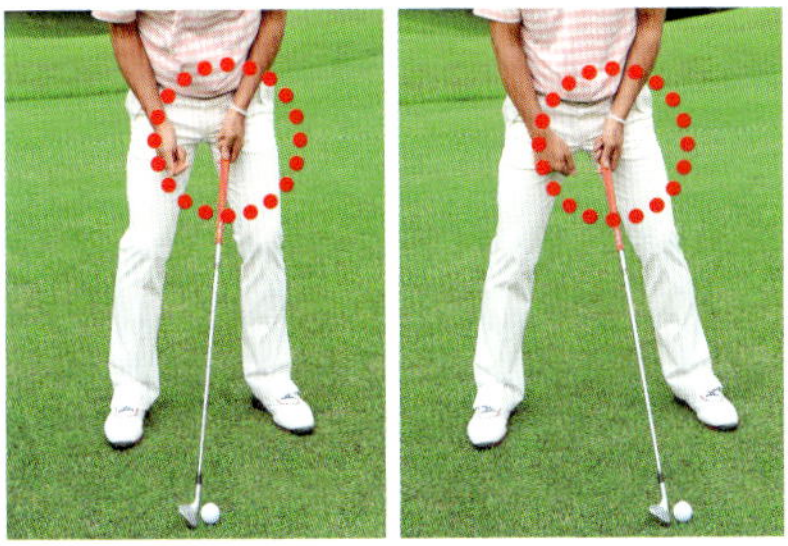
ロフトを立てる、寝かせるのアレンジも、グリップ位置を基準に回り込んで構えれば問題ない

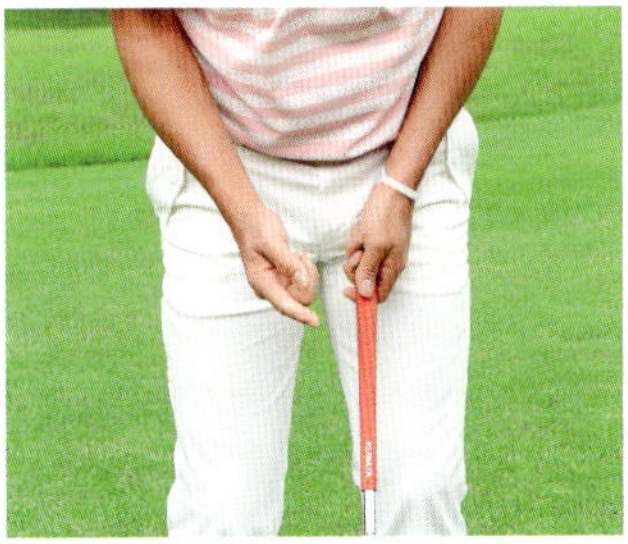
グリップエンドが左内モモの付け根を指す。シャフトの角度がポイント

対するポジションに、上体、スタンスと決めていくから、スイングを大きく変えることなく打っていくことができるのだ。

カン違い

じゃあ、具体的なボール位置の決め方は？

ライを見て、弾道をイメージ 最後は「素振り」で決定だ！

微妙な傾斜も「素振り」でわかる

ボール位置をヘッドの据え方、グリップ位置から決めると言っても、実際に打つと軽い左足下がりで手前を噛むとか、見えないぐらいのツマ先上がりでトウが突っかかるといったことでミスになることもある。

だから、アドレスの直前にはすぐ近くのよく似たライで、素振りでリハーサルを行う。実際に地面のどこに当たるかをチェックするのだ。

もし、そこでボール位置の微調整で済まないような支障があるなら、改めて弾道の想定、クラブ選択を見直せばいい。

✕ ここがカン違い！

1. 距離を確認
2. クラブ選択
3. 打ち方で合わせる

距離だけで決める

距離だけで番手を決め、モヤモヤしながら振り方でごまかすのはダメ

4 素振り

よく似た近くのライで、地面に当たるように素振り。ボール位置が確定

コレが正解！

1 ライを判断

ボールの沈み具合、芝目、傾斜、風などの状態を判断し、弾道の計算材料に

2 弾道の想定

ライの判断と目標エリアの状況から想定できる、ベストの弾道を選ぶ

3 クラブ選択

想定した弾道を打つのにベストな番手を選ぶ。素振り後に見直す場合も

カン違い

低い球は「ボール位置を右」

それじゃ吹き上がるだけ！「右から戻るドロー」を打て!!

「S3」ができれば意外とカンタン

風に負けない低い球は、ボール位置を少し右に寄せ「S2」と「右手の押し込み」で打つ方法もあるが、手を左に突き出して打ち込みすぎ、結果、スピン量が増えて吹き上がったり、シャンクしたりするミスにつながりやすい。

やさしい方法は、右に寄せたボール位置に対して胸の面を向け、インサイド・アウト軌道でドローを打つことだ。上体ごとフェースも目標の右に向けて「S3」で捕まえれば、フェース方向に飛び出したボールがフック回転で戻ってくる。まずは、試してほしい。

ボール位置を右に

一番シンプルそうだが、成功率は低い。ヘッドが上から入り、ザックリやシャンクも出やすい。

◯ コレが正解!

胸の面を右に

スタンスはそのまま。スイングプレーンが右を向く

「S3」でドロー

ヘッドの入射角が浅くなるので、トップ気味でも大きなミスにならない。捕まりもいい

カン違い

高い球は「カット打ちでスライス」

中途半端は引っかける！「バンカースイング」でトライだ!!

ロフトを増やすのはバンカーと同じ

低い球がドローなら、高い球はフェードで打てばいい、と思うかもしれない。ほとんど正解だが「フェードはフェースを返さないカット打ち」と思っていたら、間違いだ。

フェースを返さないように手を使うと、トップや引っかけ、弱いスライスといったミスが出る。手でボールに合わせにいくからだ。

腕の振り方は、あくまで「S3」がベース。ロフトを寝かせ、そのグリップ位置に回り込んだオープンスタンスなら、スタンスなりに「S3」で振ることで高さの出る捕まったフェードになる。

このイメージは、まさにバンカーショットと同じ。すくい上げず「左下に振る」フェースターンを実践してほしい。

ロフトを寝かせ、ボールの右へ回り込むのはバンカーと同じ

ここがカン違い！
手を返さない
フェースを開いたまま高く振り抜くと引っかけも出る

コレが正解！

「S3」で「左下」

バンカーショット同様「S3」のフェースターンで振り抜く。スタンスなりに左に出て戻る

カン違い

「持ち球」があればOBは怖くない

「要素」強調で打つのが「持ち球」「インテンショナル」が「保険」だ！

「要素」だけでは逆球の危険性がある

「クォーター理論」で持ち球を磨くなら、基本動作の「要素」を生かす。「S2」はスライスの要素、「S3」はフックの要素を持っている。

このどちらかをダウンスイングのスタートで強調していくことで、左に行かないフェード系、右に行かないドロー系といった、ストレートに近い持ち球を磨くことができる。

ただし、要素は疲労やプレッシャーなどでタイミングが狂いやすく、逆球が出るリスクがある。左右のトラブルに対して「保険をかける」なら、インテンショナルに曲げるべきだ。

ここがカン違い！

「S2」を強調

フェード系を打てるが、足が疲労で止まると引っかけに

「S3」を強調

ドロー系になるが、ダウンで手元が浮くと押し出しに

コレが正解！
構えを変える
「保険をかける」なら、確実に曲げる。フックならスタンスは右、フェースは目標に合わせる
目標
打ち出し方向

アドレスで調整することで、普段のスイングを変えずに打てる。次打以降もスイングに違和感が残らない

カン違い

チェックはトップとフィニッシュが大事

スイングチェックは「7ポイント」! フェースの向きにこだわれ!!

ここがカン違い!
ピント外れ
トップの手の高さやヘッドの入り方は、二の次でいい

コレが正解!
フェースを見る
手元の位置とフェースの向きを確認するのが大切

「8時」の位置のフェース向きが重要

「S2」と「S3」の組み合わせでスイングは完成するが、アドレスからフィニッシュまでの7つのポイントで、フェースの向きを確認しイメージに焼きつけると、フェースコントロールが格段に向上する。

特にチェックしてほしいのは、テークバックとダウンスイングでクラブが「8時」になるポジション。このとき、フェースは背骨に対して平行、スイングプレーンにスクエアになっているのが正しい。インパクトへは肩を回すだけだ。

7ポイントでチェック

アドレス

前後左右のバランス、グリップ位置とヘッド位置の関係をチェック

テークバック

シャフトが「8時」のポジション。「S1」動作で、背骨とフェースは平行

トップ

「S2」と「S3」動作が同時に行われ、左肩が右足の上までターン

ダウンスイング

「8時」で打つ形

下半身のターンでクラブはテークバックと同じ位置に。フェースはボールに向く

インパクト

「S2」のインパクト同様、下半身のターンで上体がアドレスに戻る

フォロースルー

下半身はインパクトのまま「S3」の動きでクラブを「3時」の位置に

フィニッシュ

クラブに引っぱられる動きで身体を目標に向け、頭を起こしていく

「S2」がスイングに溶け込めば「8時」のフェース向きで操れる!!

ここがカン違い!
フォローで操作
ヘッドの抜き方で曲げるイメージは、スイングが乱れる

無意識の「S2」がアレンジの基本

「7ポイント」をチェックするとわかるが、プロや上級者はテークバックとダウンスイングの「8時」のフェース向きで、フェード、ドローを打ち分けることができる。インパクトに直結するからだ。

ただし、条件がある。それは、フェース向きを手の感覚で操作しても、身体の「S2」動作が変わらないことだ。無意識でリピートできる状態、野球で言えば「キャッチボール」と同じで、どう動こうと考えずに身体が反応するレベルまで、スイングに溶け込ませておく必要があるのだ。

コレが正解!
ストレート
フェード
「8時」で操作
「S2」を完全に身につけたら「8時」で打ち分けられる

2本持ち素振り
1
2
3
4
2本をシンクロ
左右の手で1本ずつ持ったクラブを、平行に動かす。フェース向きやプレーンの理解が深まる
5
6
7

どうしても「S3」で引っかける…

腕力で返すのは「S3」じゃない！ いっそ「股の下」に振ってみろ!!

✕ ここがカン違い！

ターンが先行

身体が開いてからでは「S3」動作は機能しない

ヘッドを動かすスタートが決め手

ボディターンが先行するベテランに「手打ち」を指導しても、身体を開いてから腕力でクラブを返そうとするため、引っかけが続くケースがある。「手打ち」は腕力で振ることと思い込んでいるようだ。

「S3＝手打ち」は、ヘッドを「早く」振り始めることで「速く」振り回すことではない。足より先、手よりも先にヘッドを動かすイメージがほしい。だから私はこのケースの人に「股の下に向かって振れ」と言う。ボディターンがクセづいている人には、このくらい極端なイメージでちょうどいいのだ。

○ コレが正解！

股の下へ振る

身体を開かず、手を下げずにヘッドだけ下ろす意識

「手打ち→足の裏」をチェック

「手打ち」が先

「S3」のイメージは「手打ち」と唱えて先行させる。下半身は不動でいい

続いて「足の裏」

「S2」動作を後づけするため「足の裏」と唱えて、下半身をターンさせる

「手打ち→足の裏」を繰り返し、徐々にスタンスを狭めると、クラブに引っぱられるフォローが取れるようになる

打ち分け

フェード&ドロー連続写真

インテンショナルなフェードは、シャフトをグリップの幅1つぶん右に倒し、バンカーショットのように右に回り込んでアドレス。そのままスタンスなりに振ればOK。ドローは逆に、シャフトを左に倒して、左に回り込んで構えるだけ。「手打ち→足の裏」のタイミングは変えなくていい

ヘッド軌道とフェース向きで打ち分けるので「S3＝手打ち」先行はそのまま

「S2＝足の裏」の動きは、フェードでも「S3＝手打ち」の後に行うイメージ

フェード

ドロー

Column

「右を向く=8時を見る」では スイング軸を右に傾けない

私は「ボールを見るな!」と、パットでのヘッドアップを戒める場合に言いますが、ショットでも「ボールを見るな、8時を見ろ!」と言うことが結構あります。

身体の硬い人は特に、バックスイングで顔を動かすまい、ボールから目を離すまいとすると、本来のスイング軸である背骨や首すじが左にズレてしまい、ギッタンバッコンになりがちです。首を軸に、顔を右に向けるほうがスイング軸はブレません。

ただし、右を向くからといって、背骨=スイング軸自体を右に傾けてはいけません。「クォーター理論」で勧めている右足体重でのインパクトイメージと混同して、上体まで右に傾ける人がいますが、それは間違いです。

背骨は左右に傾けず、前傾角度に合わせて頭を右回転させるのです。重心は頭の下に来るので、それだけで右足体重になります。

「8時を見ろ!」というのは、そのほうが右足体重をキープしたまま、ヘッドを先行させたインパクトが作りやすいからです。この体勢で「左下に振る」と、上体の開きを抑えたまま「3時」にクラブが振り抜けるので、球の捕まりが非常に良くなります。左を向くのは、クラブの慣性に引っぱられてからで十分です。

第5章

「ダフる、滑る」で200Y先に「届く、乗る」

ユーティリティの打ち方はアイアン?

使う場面はロングアイアンでもウッドと同じ打ち方でいい!!

ここがカン違い!

イメージ
結果
クリーンに打つ
フェースをボールに当てようと思うと、振り遅れやすい

クリーンに打たずダフッて滑らせる

ユーティリティ(以下、UT)が普及したのは、ロングアイアンよりやさしく打てるから。その理由の1つに、ソール幅の広さがある。

「クォーター理論」では、ロングアイアンでもソールを滑らせて打つことを提唱しているが、狭いソール幅のイメージから、上手く打てない人が多い。

だが、UTにはフェアウェイウッド(以下、FW)に近い幅広なソールがあり、手前から滑らせられる安心感がある。ヘッドの入れ方をアバウトにできるやさしいイメージが、ショットの成功率を高めるのだ。

緩やかなヘッド軌道なら、ボールのかなり手前からソールを滑らせて打てる

コレが正解！
正しいイメージ
「ハンドバック」
ヘッド先行のイメージで、入射角が緩やかになる
手前をダフる
10センチぐらい手前から着地する感覚でOK

結果

ソールが滑って当たるので、ロフトが生きて捕まりのいい高弾道が打てるようになる

ボールは茎より浮いている！打ち込むな、払い打て!!

ここがカン違い！
打ち込む
上から鋭角に入れると、ボールの下を潜ってテンプラに

深く沈んで見えたらウェッジに換える

ラフでは、手前の草の抵抗を減らすために、鋭角な軌道で打ち込むというレッスンがあるが、それはボールが沈んでいて、SWで叩き出すしかないような場合だけだ。

大抵は、密集した茎の上にボールは止まっているので、地面からは浮いている。葉先を払うように打てば、FWやUTのロフトで、十分高く打ち出すことができる。

ボールが草に半分以上沈んでいるように見えて、草の抵抗が強そうだと感じたら、打ち方を変えるのではなく、ショートアイアンに換えるのが正解だ。

手前の葉から払う

手前の葉を寝かせるイメージでソールを滑らせていけば、ロフトなりに高く打ち出していける

コレが正解！

「8時」で打つ

ヘッドを先行させるイメージで、緩やかな軌道を実現

ラフはカット打ちのほうが出しやすい

カン違い

フェースを開くだけでOK「S3」で飛距離を稼げるぞ!!

フェースを開くと抜けが良くなる

ラフではネックに草が絡むと、フェースが急激に返って引っかけやチョロといったミスになる危険性がある。

それを防止する手段としては、アドレス時にフェースを少し開くのがオススメだ。シャフトを右に回すように、上体も傾けて構え、ややインサイド・アウトに「S3」主体で振ると、キャリーとランを稼ぐことができる。

グリップを握り直して開き「ハンドバック」を意識して振ると、高く上がって止まる球が打てるようになる。

ここがカン違い!

手でカット

カット打ちを意識すると、手元が左に流れてミスに

コレが正解!

ランを稼ぐ

上体ごと右に

フェースを開くのに、シャフトを回すように上体も少し右に傾け、ドローを打つ

高さを出す

開いて握る

バンカーショットのようにフェースを開いて握る。ヘッド先行で高弾道が打てる

フェースを開く

草がネックに絡んで閉じるのを防ぐ。バウンスが強調されるので、ヘッドの抜けも良くなる

カン違い

ラフからはフェードでランを抑えられる

シャフトのしなり戻りを生かせ！「目玉」の「引き打ち」イメージだ!!

フェード狙い
長い番手は振り遅れやすく、打点がトウにズレることも

逆しなりの動きが球を拾い上げる

FWやUTのように長いクラブでフェードを打とうとすると、打点がトウにズレて思わぬ引っかけが出やすい。

高さを出して止めるように考えれば、バンカーショットを応用するのがやさしい。「目玉」のライからポンと高さを出す「引き打ち」なら、シャフトのしなり戻りを生かしてロフトを増やすことができる。

バンカーのようにロフトを寝かせ、そのぶん右に回り込んでアドレスする

ヘッドを振り下ろし、インパクト直後に引き戻すのが「引き打ち」。ロフトが増えて当たる挙動になる

「逆しなり」で打つ

「引き打ち」のイメージで手元の動きを抑えてヘッドを走らせると、高く打ち出せる

カン違い

長い番手の高低の打ち分けは難しい

バンカーの「回り込みアドレス」なら打ち分けなんてカンタンだ!!

高い球
低い球

高低の打ち分けの基本は、ロフトの増減。バンカーのようにシャフトを傾ける

バンカーの打ち方で高低を打ち分ける

長くてロフトの小さい番手は、ボール位置だけで高低を打ち分けようとすると、手で合わせにいきがちで、ミスヒットになりやすい。

まずイメージしてほしいのは、バンカーショットのアドレスだ。ロフトを変えるためにシャフトを傾けたら、その位置に回り込んで構える。FWやUTでも、同様にアドレスをアレンジすればいいのだ。

振り方のポイントも、バンカーショットの「S3」強調イメージでOK。手元よりヘッドを先行させて、ソールを滑らせて捕まえればミスにならない。

ここがカン違い!
当てにいく
身体の向きとボール位置が合わないと、手で当てにいく

バンカーの打ち方

高い球はフェード、低い球はドローで打つ。どちらも「ハンドバック」でしっかり捕まえる

カン違い

FWの「手打ち」は左へのミスが出そう

頭でっかちになるな！ 本当の「S3」に引っかけはない!!

内周にある手元はドンドン動いていく

ドライバーの「手打ち＝S3」でドローが打てた人は、少し短くて捕まりのいいFWでは、フックがかかりすぎて左へのミスになる不安を感じるようだが、そんなことはない。

手元よりヘッドを先行させるイメージでアームローテーションを促す「S3」の動きだが、実際のスイングでは手元もドンドン動いていく。フェースが被って当たるイメージでも、シャフトの長さがあるぶんは手元の動きより確実に遅れるので、ドローにはなっても引っかけにはならないのだ。

それでも気になる人は「S3」を加減するのではなく「S2」を強調してみるといい。

×ここがカン違い！

フェースが被る

「S3」でフェースが被るのは、手元を動かさないから

コレが正解!
手元は動いていく
手首の角度を保つ腕のローテーションが「S3」の動き。実際のヘッドは緩やかにターンする
1
2
3
4

カン違い

左足下がりでFWが打てない…

まずは素振りでボール位置を探せ！「S3」なら絶対打てる!!

素振りで斜面との接点をチェック。そこにボールをセットする

「左下に振る」イメージを高める

ＦＷはシャフトが長いので、ついフラットなプレーンで振ろうとしがちだが、左足下がりでは禁物だ。

基本はアドレスでスイング軸を斜面に合わせて傾け、左足体重にする。バックスイングで斜面を叩かぬよう、手首の角度を変えずに、早めに「S3」のアームローテーションを入れて高く引き上げていく。

ダウンでも「S3」と「左下に振る」イメージを強調。これで素振りをして、ヘッドが地面に当たる所にボールをセットする。体重移動は考えず、軸回転で振ればしっかり当たる。

✕ここがカン違い！

フラット軌道
フラットに振ると、かなり手前の斜面に当たりやすくなる

◯ コレが正解！

「S3」で振る

「左下に振る」イメージで、腕の振り主体で上げて下ろす

スイング中は左足体重。振り抜いた後は、クラブに引っぱられて歩き出すぐらいでちょうどいい

あおってもトップになるだけ！「ハンドバック」で弾き上げろ!!

✕ ここがカン違い！

払い上げる
ボール位置を左に移し、払い上げるとトップのミスに

「上がればいい」ぐらいの気持ちで

左足下がりから飛距離も出したい、高さも出したいというのは欲張りすぎだ。どちらを優先するか、まず決める。

飛距離優先なら、上がる要素を加味できる「ハンドバック」によるシャフトの「逆しなり」が入るように打つ。入らなくても捕まえて飛ばせる。

高さ優先なら、ロフトのある番手に換えるのが一番賢明だ。

シャフトのしなり戻りでロフトを増やして当てるイメージは有効。これならミスしても球が捕まって飛ぶ

コレが正解！

ロフトを増やす

「ハンドバック」強調でシャフトを「逆しなり」に

上級テク

スイング軸を重力に鉛直に立て、カット軌道で打つ。ロフトを生かせるが、広いソールが跳ねるミスが怖い

カン違い

UTはツマ先上がりでプッシュになる…

小細工せずに右を向け！「S3」ならドローだ!!

ツマ先を閉じてバランスを取る

ツマ先上がりでは、まずフックがかかることを前提に考える。ショートアイアンの場合は「S2」のスライス要素を強調することで曲がり幅を抑える打ち方を勧めるが、長い番手、特にUTはロフトも少ないので、小細工すると逆球のプッシュになりやすい。

打ち方は、ミート率を下げないために腕の振り主体の「S3」をイメージ。体重がカカトにかかるとスイング時にグラつくので、両足が平行になるぐらいにツマ先を閉じる。

もちろんこのまま打てばフックになるので、傾斜の度合いに応じて目標の右に狙いを移し、そちらに向かってスクエアに立つ。

UTを持つ距離を打つわけだから、目標に無理に届かせようとせず、手前に運ぶ気持ちでスムーズに振ることだ。

「S3」ドリルの「水平振り」のイメージが合う

×ここがカン違い！

開いて当てる

フックを嫌ってフェースを開くと、左脇も開いてミスに

コレが正解!

フックは想定内

ロフトの少ないUTなら、曲がり幅は少ない。傾斜なりのフック狙いで、右を向いて構える

「S3＝手打ち」イメージならスイング軸もブレず、ミート率も下がらない

カン違い

長いパー3はグリーン中央狙い

真っすぐ打つイメージはダメ！曲げる方向を選んで打て!!

ティは低めに

ボールが葉先から出る程度でOK。高すぎるとテンプラや引っかけのミスに

ここがカン違い！

真っすぐ打つ

漠然と真っすぐ打つ意識では、左右に曲がる不安がある

アバウトに打つからどちらにも曲がる

長いパー3やレイアップ（刻み）のティショットでFWやUTを持つ場合、狙い所は決めても弾道は真っすぐ、もしくは考えていないというアマチュアが結構いる。

長い番手ほど曲がりのミスが出やすいのだから、最初からどちらに曲げるか決めておいたほうがケガは少ない。アドレスのアレンジは必須だ。

○ コレが正解！

シャフトを傾ける

フェースを目標に向けたまま、シャフトをグリップ幅1つぶん傾ければ、曲げる方向が決まる

フェードにセット

ドローにセット

シャフトを右に傾け、回り込んでフェードを打つ

シャフトを左に傾け、回り込むとドローが打てる

カン違い

オーバースイングが直らない…

「S3」を間違えるな！「S2」＋「コック」で振ってみろ!!

レイアップで有効に使える

アイアンのライン出しなど「S2」にコックを加えるコントロールショットをマスターすることは、FWやUTでレイアップする場面や、オーバースイングの修正にも役立つ。

身体のターン主体でコックを入れるだけなので、左腕は水平までしか上がらないイメージでOK。それでもクラブの慣性で必要十分な振り幅になる。

✕ここがカン違い！

「S3」の誤解

腕をやわらかく動かそうとして、左ヒジが曲がる

クラブが胸の正面から外れない感覚を、コックを入れて確認する

コレが正解！

イメージ

左腕は水平

「S2」＋「コック」で振り上げると、左腕は水平まで。だが、クラブの慣性でさらに上がる

結果

「S2」と「S3」の曲がり要素を強める方法

左右のトラブルに対して「保険」をかける場合は、逆球のミスが出ないようにアドレスからアレンジしてインテンショナルに曲げていく方法を紹介しましたが、では「持ち球」はどう考えるべきか、もう少し詳しく説明しましょう。

スイングの完成形は、球を捕まえる動きからフックの要素が強い「S3」と、ボディターンで捕まりが抑えられてスライスの要素が高まる「S2」の組み合わせです。この2つを、ストレートボールを打とうとしてバランスよく合わせても、個人の体調や身体の構造によって、どうしてもどちらかの動きとその要素が強調されやすくなります。

それが「持ち球」作りのベースになります。フェード系もドロー系も「手打ち→足の裏」の順で動きをイメージしますが、この「→」部分の「間」の取り方で、2つの要素のメリハリをつけることができます。

ドロー系で安定させるなら「間」を伸ばして「手打ちー、足の裏」、フェード系は逆に詰めて「手打ち、足の裏」と唱えるイメージでスイングします。「S3」の動きを加減するのではなく「S2」のダウンでのスタート感覚で、どちらの要素を強調するかがコントロールできるのです。

第6章

「左で大きく、速く」より「右でゆっくり」が本当に飛ぶ

カン違い

新しいドライバーは飛距離が伸びる

スイングが怠けるぞ！ロングアイアンで飛ばしてみろ!!

ここがカン違い！
タメても打てる
アームローテーションが遅れるスイングでもクラブの機能が補正して、打たせてくれる

「球を捕まえる」動きを見失わない

最近のクラブの進化は目覚ましく、アベレージでもやさしく球が捕まって飛ぶモデルが増えている。

だが、その「球を捕まえてくれる」機能に頼りすぎると、飛ばすために本来マスターすべき「球を捕まえる」動きを疎かにしてしまう危険性もある。球を捕まえられないスイングだから、いざという場面でミスを重ねてしまうとも言える。

試しに、ロングアイアンを打ってみてほしい。ティアップしても右に低く出るようなら重症だ。「手打ち」からやり直す必要がある。

ダウンブローのつもりで上から打ち込んでも、打球は上がらない

ロングアイアン

正しく球を捕まえるヘッドの動かし方ができていないと、低いスライスしか打てない

「S3」の「ハンドバック」「右でゆっくり大きく」の動きがマスターできると、ロングアイアンでも力強く飛ばせる

カン違い

ダウンでは、クラブをタメて引きつける

タメはトップで十分！切り返し以降はヘッドを出せ!!

ここがカン違い！
引きつける
クラブを引きつけてから大きく振り抜くのでは遅い

ヘッドの加速は切り返しから

トップからクラブを引きつけて下ろせば、小さいアーク（孤）で素早くターンでき、インパクト直前でコックを解けば一気にヘッドが加速するので、ヘッドスピードが上がって飛ばせる……というレッスンを鵜呑みにすると、振り遅れて腕力でコネるような振り抜きになるのがオチだ。

切り返し直後から、アームローテーションでシャフトを前に倒し、ヘッドを加速するようにリリースして、やっと身体のターンと合ってくる。

振り遅れたヘッドを無理に追いつかせようとすると、手をコネる振り抜きになる

コレが正解！

ヘッドを出す

切り返しからヘッドを手より先に出す意識で振らないと、インパクトに間に合わない

シャフトを前に倒すつもりで、切り返し直後からヘッドをリリースすると、スムーズに振り抜ける

カン違い

フォローを大きくすると飛ぶ

フォローはダウンの結果！「8時」で打つから大きくなる!!

腕で振るほどフォローは縮む

フォローで加速するように大きく振れば、エネルギーが効率よくボールに伝わって飛ばせるというレッスンもよく聞くが、フォローに意識を向けるとどうしても身体が早く開くようになる。結果、遅れたヘッドを後から大きく振ろうとして手をコネてしまい、逆にフォローが小さくなってしまう。

フォローはあくまで「ダウン＝クォーターエリア」でのリリースの結果。先に走るヘッドに引っぱられていけば、フォローは自然と大きくなるのだ。

ヘッドに引っぱられるように動くと大きなフォローに

× ここがカン違い!

手で振り抜く

大きく振り抜こうとすると、逆にフォローは縮む

○ コレが正解!

「8時」で打つ

クォーターエリアでリリースするとヘッドが先に出る

カン違い

「左腰の切れ」でヘッドスピードアップ

腰なんて考えるから身体が開く！足の指で地面をキュッとつかめ!!

「手打ち」ができたら「回転力」を上げる

「手打ち＝S3」のリリース感覚が身につき、フックが出るようになったら「身体のターン＝S2」の回転力を上げてスライス要素を強めることで、弾道をストレートに近づけつつ、飛距離アップできる。

このとき「左腰の切れ」とか腰の回転を意識すると、身体が開いてカット打ちになる。それを防いで回転力を上げるには、足を意識する。足の指で地面をキュッとつかみながら、足の動きでヒザを回し、それに腰が連動すればOKだ。

足の指で地面をつかみながら、ヒザを回して身体の回転スピードを上げる

✕ ここがカン違い！
左腰を切る
腰のターンを意識すると、身体が開いてカット打ちに

「S3」+「S2」
ヘッドが先行する動きと、身体のターンを合わせる
コレが正解!
捻転差を確認
手の甲を合わせて足の動きに抵抗してから、腕を振る

カン違い

「手打ち」は、腕を速く振って飛ばす

手元は「小さくゆっくり」ヘッドは外側だから「大きく」動かせ!!

スイング軸に近い手元と、離れているヘッドでは、ターンによる移動距離は異なる

手元よりヘッドの移動距離は長い

スイング軸を中心に、胴体より手元、ヘッドと、外側にあるほうが移動距離は長くなるはず。それなのに、ダウンで同じ距離だけ動かそうとするから振り遅れるのだ。

シャフトとヘッドを上に向けたまま、左にターンしてみる。このとき、両手で車のハンドルを左に切るように、シャフトを左に倒すつもりで負荷をかけないと、右に倒れてしまうだろう。これが「外周のヘッドを追いつかせる」動きなのだ。

別に力技ではなく、手元をヘッドよりゆっくり動かすイメージでもヘッドは追いつく。

ここがカン違い!
手元が先行
ヘッドを左に動かす意識がないと、シャフトが寝る

シャフトを左に倒す負荷のかけ方は、リリースと同じ

シャフトは前倒しと身体の回転が相殺して、立つ状態を保つ

ヘッドを先行

腕の動きでヘッドを先行させる意識で、外周にあるヘッドは内周の手元の動きに遅れない

カン違い

朝イチのティショットでミスが多い…

スタートでのチョロ防止には「ちょいダフリ」でドローを打て！

ここがカン違い！
上体が先に開く
ボールに「当てにいく」と、上体が開いてカット軌道に。スライスや引っかけの原因になる
手で引っぱる
手で合わせると、左に引っぱり込む動きになりがち。ヘッドのトウや下部に当たってチョロに

「当てにいく」動きがミスにつながる

スタート時は緊張や不安から、ついボールにヘッドを「当てにいく」動きになりやすい。だが、そのせいで身体が開いたり、手元の動きが悪くなって、逆にミスにつながるのだ。

これを防ぐには、ボールの手前の芝をこするつもり、つまり「ちょいダフリ」のイメージで振るといい。まず、身体が開かない。ヘッドも手前を叩くためにリリースが早まるので、球の捕まりが良くなる。

実際にダフッても、想定内なのでヘッドの勢いが落ちずに当たり、ドロー系の打球になる。右OBのホールでも有効だ。

コレが正解！

ヘッドをボールから離して、スタンスの中央にセット。ここでダフるイメージ

「ちょいダフリ」

ボールの手前にソールをワンタッチさせるつもりで打つ。身体が開かずドロー系の打球に

シャットなトップは力が逃げる！シャフトの「逆しなり」で捕まえろ!!

「捕まる」グリップは「逃がす」スイングに

フックグリップは、スライスが止まらない初級者にはいいかもしれないが、あくまでも一時的な応急処置と考えるべきだ。スイングが改善されてヘッドが走るようになると、フックが出るようになり、それを防ぐために「逃がす」悪い動きを覚えてしまうからだ。

「S3」をマスターすれば、シャフトの「逆しなり」で球を捕まえるほうが、ラクに飛ばせることがわかる。上達の過程で、徐々にでもニュートラルなグリップに変更すべきだ。

左手を深く被せるフックグリップは、球が捕まるぶん、スイングに「逃がす」クセがつく

ここがカン違い！
閉じたフェース
トップでシャットフェースだと、手で「逃がす」打ち方に

コレが正解！

しなりを生かす

シャフトのしなりを生かすのが、効率の良いスイングだ

「逆しなり」で打つ

「S3」の「ハンドバック」が身につけば、シャフトの「逆しなり」の動きで球がラクに捕まる

カン違い

「ここ一番」は「マン振り」で飛ばす

振り回しても芯を外すだけ！「右腰前でギュッ」を試してみろ!!

手元の急ブレーキでヘッドが走る

ドラコンなど、多少リスクを冒しても飛ばしたいときに、身体のターンや腕を速く動かそうとすると、肝心のヘッドが遅れてチョロやスライスのミスになりがちだ。

それよりも「8時」のポジションで右腰前に下りてきたグリップを、意識的にギュッと握り締めてみてほしい。上手くタイミングが合えば、シャフトの「逆しなり」が強く生じ、高弾道のドローで飛ばせるようになる。手を流さないことがヘッドスピードを上げるコツだ。

グリップをニュートラルにして、ヘッドを先行させて打てる準備を整える

✕ ここがカン違い！

手元が流れる
強く振ろうとして手元が流れると、球が捕まらない

「8時」でインパクトするイメージで、しっかり叩ける

○コレが正解！

右腰前でギュッ

右腰前に下りてきたタイミングで、グリップを握り締めると、ヘッドが加速して先行する

カン違い

フェースターンのタイミングは?

上半円は「アームローテーション」下半円は「身体のターン」で開閉だ!!

開いたまま
ダウンで「8時」までに閉じないと、間に合わない
ここがカン違い!
閉じたまま
「8時」を通りすぎても開かないと、右脇が開いてミスに

ヒジのたたみが切り替えどころ

フェースターンの動きを取り入れて効率良く飛ばそうと思っても、長年フックグリップでターンを抑えて打ってきた人には、開閉のタイミングがつかみづらいだろう。

ポイントは「S2」の動きと「S3」の動きが切り替わるところ、つまりクラブが「8～9時」になるポジション。ここまでは肩のターンで背骨に対してスクエア(刃が平行)のまま。ここから右ヒジがたたまれてアームローテーションが入り、フェースが開いていく。ダウンでも「8時」で背骨にスクエアまで戻せばOKだ。

「S3エリア」では右ヒジのたたみと連動してフェースを開閉

上半円と下半円

クラブが水平になり、右ヒジをたたみ始める位置でスイングプレーンを上下に分けて考える

「S2エリア」では背骨とヘッドの刃が平行のまま、動く

カン違い

フェースターンがぎこちない…

上下で分けるのはイメージだけ！実際はヘッドの動きに任せろ!!

「8時」に戻すだけで勝手にターンする

上半円と下半円でフェースターンを説明すると、下半円をフォローまでコントロールしようとして、ぎこちない振り方になる人がいるが、これはナンセンスだ。能動的に考えるのは「クォーター」だけでいい。

上半円でフェースを開閉し、下半円では返しすぎないように……などと考える必要はない。「8時」でスクエアに戻したつもりで、実際には「S2」の動きでインパクトを迎えている。だから、ヘッドの重さをリリースしていれば、他に何もする必要はない。ヘッド先行で振り抜けばいいのだ。

○コレが正解！

ヘッドに従う

「8時」で打つイメージなら、後はヘッドに任せてOK

×ここがカン違い！

腕で返す

開いたフェースを腕の動きを意識してターンさせる

フォローを意識

フェースターンをフォローでも操作しようとする

左が怖いとプッシュか引っかけ…

怖いと手元で逃げたがる！ヒールで構えて「保険」をかけろ!!

✕ここがカン違い！

カット打ち
身体が開いても、足の動きが詰まると引っかけになる

手を返さない
手元で操作すると、開きすぎて大スライスやチョロに

「捕まえる」動きをなくさない

左OBのホールでは、確実に左へ行かない球を打ちたい。そう考えると、ついインパクトで手を返さないようにしたり、中途半端にカット打ちをしようとして、大スライスや引っかけといったミスが出やすい。

本来は「S2」のスライス要素を強調すればいいだけ。左が怖いと下半身が止まって引っかける危険性があるので、このイメージはより効果的になる。さらに「保険」をかけるとしたら、アドレスでヒール寄りにボールをセット。左に出て右に戻る、捕まりのいいフェード系の弾道になる。

○コレが正解！

ヒールで構える
ヒールでヒットすれば、安定してスライス回転がかかる

足を使って下半身を早めに回していく

「S2」強調で打つ

下半身の回転を強調することで、スライス要素が強まる。フック、引っかけは避けられる右OBに限ってスライスが出る…

右を向いて「S3」徹底！ 手元は絶対に左へ流すな!!

ここがカン違い！
身体で引っぱる
右を嫌って身体が開くと、カット打ちでスライスに
手で合わせる
ラインを出そうと手を左に流すと、球が捕まらない

「逃げる」動きがスライスを呼ぶ

左OBとは逆に、球を捕まえる「S3」を強調すればいいのに、つい身体のターンで左へ引っぱろうとしたり、方向を気にして手を突き出したりすることが、スライスにつながる。ボールを1個ぶん右に置き、胸の面をそれに向ける。その右に傾いたプレーンのイメージのまま「S3」を強調して振り抜けば、スライスは防げる。

スイングプレーンをどこに向けるかを意識して構える。ボール位置と胸の面の向きが目安になる

コレが正解！
右を向いて「S3」
胸の面を右に向けてインサイド・アウト気味に捕らえると、スライスにはならない

カン違い

左右OBで風、アイアンで打つしかない

低く打つ工夫をしろ！だが絶対上から打ち込むな!!

ドライバーでライナーがやさしい

風の中、狭いホールでドライバーを持つのは危険に思えるかもしれないが、FWなどより低く打てるぶん、使い方さえ間違えなければ、より手堅く飛距離を稼げる。

ティアップを低くし、ボール1個ぶん右に寄せる。アッパー軌道ではなく、ヨコから払い打つためだ。上から潰すように振ると、テンプラやスライスのミスになるので禁物だ。

ライン出しの基本となるのは「S2」+「コック」。左腕を水平まで振り上げてフルコックしたまま、足の回転で振り抜く。これで低い球が出る。

ここがカン違い！
上から打ち込む
鋭角なヘッド軌道ではテンプラやスライスになりがち

SRIXON
I.KUWATA
ティアップの高さは、通常よりボール半分低くする。あまり極端には下げない

コレが正解！

実際のスイングは、勢いで大きくなる

シャフトを立てる

フルコックをキープしたままスイング。シャフトを前倒ししながらターンするイメージが大切

インパクトでは左に乗るほど飛ぶ

野球ならゴロしか打てない！右足体重で打ってから左だ!!

ここがカン違い！

カン違い

左に踏み込む

ゴルフでも野球でも、左に踏み込んで体重移動してからでは、しっかり振ることはできない

「クォーター」では右足体重をキープ

体重移動は軸回転の結果、右回りで右に乗り、左回りで左に自然と移動するのが正しい。つまり、ダウンスイングで腕とクラブが左（インパクト以降）に移る前に、体重が左に移動するのはおかしい。

野球のバッティングでも、いきなり左に乗ってからバットを出していたのでは、ヒットどころかゴロを打つのも難しい。

一本足打法の素振りをすれば、右足体重をキープして振るほうが、クラブをしっかり振り切れ、飛ばせることがわかるだろう。左に乗るのはフィニッシュだけでいいのだ。

コレが正解!
右足体重で打つ
左足はそっと下ろし、ダウンのきっかけに。クラブに引っぱられて、フィニッシュで左に乗る
1
2
3
4

Column

「クォーター」に集中するから トップやフィニッシュは考えない

飛ばしのレッスンに限りませんが、トップやフィニッシュの形とか、イメージを強調する教え方が巷には多くあります。ですが「クォーター理論」では、一切ありません。「クォーター」エリアでいかにボールを叩くかに専念すれば、自然とトップ、フォロー、フィニッシュは決まるからです。ですから、私の生徒にオーバースイングは1人もいません。

同様のことですが、私は「脇を締めろ」とか「左腕を返せ」とかは言いません。長いシャフトの先にある「ヘッドでどう叩くか」をイメージして動けば、自然と腕や身体の動きは合ってくるものだからです。社会人になってからゴルフを覚えようとすると、どうしても身体の各部の動きを細分化して考えたくなるようですが、ほんの数秒で完結するスイングの最中に考えられることは、そんなに多くはありません。

「S2」で無意識に動けるようになれば「S3」のヘッドの動きだけに集中できます。さらにレベルアップして「S3」のヘッドが出る動きが自然になれば、改めて内周である手の動きなどを考えて、フェースコントロールができるようになります。基本動作は「考えずにできる」レベルまで高める努力をしてください。

おわりに

「言葉」って大事ですね。大人になればなるほど言葉を知り、多くのものを目に映し、いろいろな反応で考えや行動をしています。私は「レッスンは耳」…耳に入った言葉で脳が反応し行動する、「コースでは目」…目に映ったものに脳が反応し行動する、と思います。今まで良いとされていた言葉のイメージで、多くの人が同じ悪い結果で悩んでいるところに、逆の言葉をぶつけてみる。たとえそれが悪いとされていた言葉だとして

も、結果がよくなれば、その方法はアリでしょう。

現に私のアカデミーには、全国から数時間かけて通ってくる方が大勢います。その人たちに、通う理由を尋ねると「今までできなかったことが、できた」「なんとなくだけど〝ア ! 〟と感じたから」と答えます。そうです、そのスイングが「良いか悪いか」のチェックは必要ではないのです。生徒さんが求めているのは「どうしたら治る・良くなる・結果が出るか」なのです。たとえば、腰が悪いから病院に行ったのに、医者に「腰が悪いですね。健康な人(プロ)のようになりましょう」と言われたらどうしますか。「治してくれるか、どうしたら治るか教えてくれ」となるはず。この要望に応えるのが本当のレッスンではないでしょうか。

そのためには順序があります。まず、教わる側は自分の悪い所に気づくこと、そして1つ1つ正しい部品を揃えて、正しく組み立てること。私たち教える側も順序があ

り、大人は頭で理解しないと身体を動かせないので、必ず言葉で「なぜを説明」し、実際に打って「見せ」、できるように「レッスン」するようにしています。普通のアマチュアは、プロのような体力や時間や環境は整っていないのですから、理想を論ずる理論ではなく、理にかなった正しい理論と、その身につけ方を知ることが大切です。

スピードがついたズレた結果をイメージしても、プロのようには打てません。イメージは写真やビデオには写りません。まったく別のイメージで振って、ズレてプロのようになったほうが良いのではないでしょうか。その新しいイメージを今までと違う言葉や形で表現しているのが「クォーター理論」です。さあ、「想像」して「創造」する。自分の頭の中でイメージができなければ、結果は作れないですよ。

桑田 泉

撮影協力
●川奈ホテルゴルフコース
静岡県伊東市川奈1459
☎0557-45-1111

●ゴルフアカデミー　イーグル18
東京都町田市鶴間677-3
☎042-705-7018
http://www.kuwataizumi.com/

企画・編集協力●㈱風讃社

撮影●高木昭彦

構成●戸川　景

カバーデザイン●スーパーシステム
菊谷美緒

本文デザイン●阪本英樹 ㈲エルグ

企画・編集●成美堂出版編集部
宮原正美

日本プロゴルフ協会
PGA最優秀ティーチングプロの「深・クォーター理論」ゴルフ 実践編

著　者　桑田《くわた》　泉《いずみ》

発行者　風早健史

発行所　成美堂出版
〒162-8445　東京都新宿区新小川町1-7
電話(03)5206-8151　FAX(03)5206-8159

印　刷　共同印刷株式会社

ISBN978-4-415-31371-9
落丁・乱丁などの不良本はお取り替えします
定価はカバーに表示してあります